中国剪纸教程

（第三册）

连环剪纸进阶

赵云凤 著

加拿大国际出版社

Canada International Press

书名：中国剪纸教程（第三册）连环剪纸进阶
作者：赵云凤
出版：加拿大国际出版社
www.intlpressca.com
Email: service@intlpressca.com
国际书号 ISBN: 978-1-990872-28-0

电子书 ISBN:978-1-990872-29-7

Title: Chinese Paper Cutting Tutoring (Book 3)
Author: Yunfeng Zhao
Publisher: Canada International Press
www.intlpressca.com
Email: service@intlpressca.com
ISBN: 978-1-990872-28-0
EBook ISBN: 978-1-990872-29-7

序

　　剪纸是一种民间艺术，它产生于民间并随着年节、婚庆、民俗等活动逐渐发展起来。它以独特的艺术表现形式和鲜明夺目的美，已经存在将近两千年了，至今应受人们的喜爱。它是人们对生活环境中事物的本能、直接的艺术表达。人们在劳动和生活中，随机兴起或放松心情，随手拿起生活中常用的纸和剪刀剪出周围熟悉和喜爱的花鸟树木，鱼蝶昆虫，猪马牛羊等等的图案。这些图案往往表达出人们心中的喜好以及对幸福和美好生活的向往和祈盼等等。经过长期的演变，逐步形成了剪纸的语言符号，也涌现出了许多表现美好寓意的吉祥物。这些剪纸图案常常用于房间的装饰、礼品、刺绣的底样和祭祀祈福等等。

　　剪纸由于受材料，人文等因素的限制，不极力追求写实。但在图案设计时，要研究实物的结构特点，归纳总结，同时可加入主观的想象，努力做到神似形美。图案的表现或拙朴或夸张，或跳跃或连续，给人以赏心悦目的艺术享受。

　　中国剪纸历史悠久，在这漫长历史过程中，涌现出无数经典图案。这些图案一代又一代的传承，传递着远古的信息，族群的图腾。承载着人文的活动和对理想生活的渴望等，同时也留下了每一代人对剪纸艺术的探索和思考的印记。在我们当今的信息时代，讲求效率，要求速度。剪纸也要与时俱进，需要跟上时代的节奏。如何能在传统基础上融入现代的元素，快速准确地剪出一幅图案呢？怎样用剪纸来表现出我们这个时代人们的理想和希望以及对剪纸艺术的理解和思考呢?这是摆在每一个剪纸艺人面前的问题。连环剪纸成图快，图像丰富美观，又继承了传统的团花元素。是笔者在书中思考和讨论的重点。

笔者在（中国剪纸教程第一册）中总结归纳了剪纸的语言符号，提出了视图的概念。在（中国剪纸教程第二册）中主要介绍了视图的观点在连环剪纸中的运用，讲述了单元图案和连环图案的构图法和成图技巧。要想剪出一幅作品，在剪图之前，根据所要表现的寓意确定主题图案，选择观察角度，观察真实事物的结构特点，把握事物的对称性，归纳总结，利用剪纸中的语言符号设计画图。要以尽可能简单明快的轮廓线和花纹表现出事物的特点和神韵。经过全面认真思考后，会胸有成竹，顺利地剪出一幅满意的作品。

本书是（中国剪纸教程第三册）重点讲述连环剪纸图案设计中所要考虑的要素和它们之间的关系也就是连环剪纸的格式，布图方法和构图技巧。一幅完整的剪纸作品在形式上主要是由边框和所要剪切的主题图案组成。在设计剪图时要注意图案与边框之间，图案与图案之间，以及图案本身的合理连接。连接是剪纸中的一个重要特点。连接点要恰到好处，不能过多也不能过少。过多会使整个图形变得很板，过少会使整个图形变得松散。所以，选择连接点要自然合理，使整个图形成为一个整体。主题图案是剪纸图案所要表现的中心内容。边框是对整个图形起固定和装饰作用，它可以是弧线，也可以是特别设计的图案，或者是所要表现图案本身。有的剪纸图形虽然没有明显的边框，但是通过巧妙的设计和合理的连接使整个图形结构紧凑，浑然成为一体，这种剪纸图案在本书中定义为隐形边框。

本书以边框为导向，通过大量的图例，来同朋友们分享一下连环剪纸的布图方法和技巧。它们包括：线形边框，心形边框，花纹边框，复合边框和隐形边框。

我们所生活的客观世界是丰富多彩的，剪纸所能表现的内容也是无穷尽的。图案的无穷变化，边框的无穷变化，花纹的无穷变化。这种无穷尽变化的组合就构成了丰富多彩的剪纸世界。我想通过本书带领你们进入这个世界中，去感受它的美好与神奇。

目　录

第一章　　线形边框

　　线形边框是指以直线或者弧线的形状将剪纸图案固定，连接，装饰起来的边框。带有边框的剪纸图案在设计布图时，主要考虑三个因素：主题图案，边框和连接。主题图案是指图案所要表现的中心内容，是剪纸图案的主要部分。边框和连接是剪纸图案的辅助部分。主题图案和边框之间以及主题图案之间的连接方式主要有两种：直接接触连接和花纹图案连接。连接花纹的设计可以和主题图案有关系，也可以单独设计。请看如下图例。

第一节 老鼠

一、将一张正方形的纸对边二
折法折好后，画单元图案如下：二、沿着轮廓线剪下：

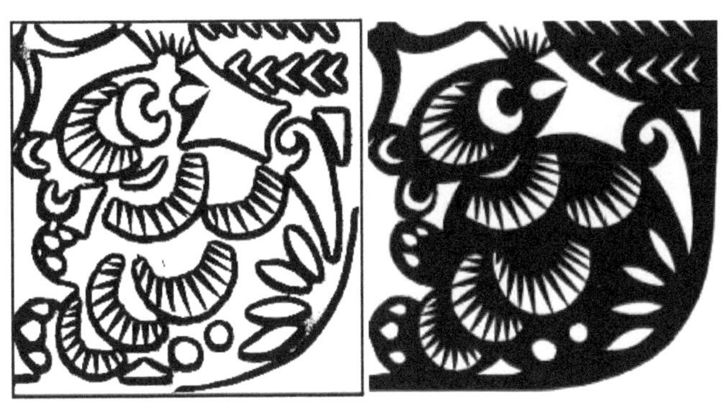

三、　　展开成图：

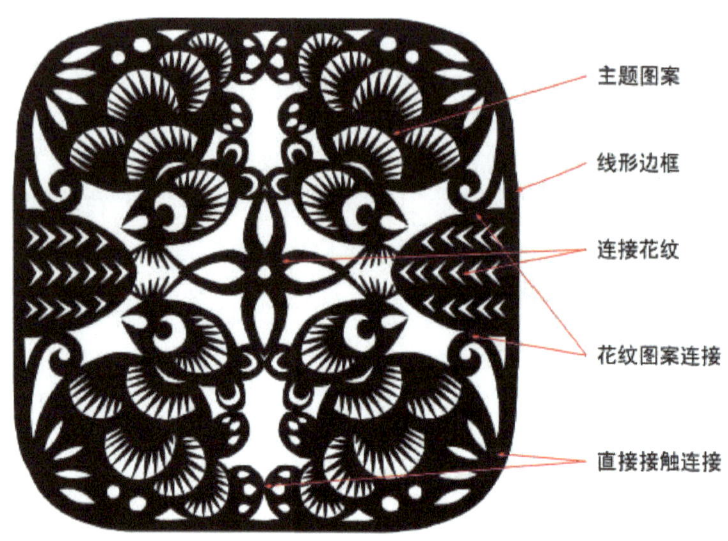

　　仔细观察这幅图案，我们发现主题图案与线性边框之间的连接以及主题图案与主题图案之间的连接既有直接接触连接又有花纹图案连接。图案与图案之间既有直接接触连接又有花纹图案连接，在本书中将这种连接方式称为混合连接。连接在剪纸中占有重要的位置，它可以固定图案，使整个图形成为一体。

　　这幅剪纸图的连接花纹有三个，中间的花纹表现自然界的花草，周边的两个一样的花纹用来表现老鼠想吃的食物，老鼠回头的惊恐状态仿佛在窥视着的食物。

四、直接接触连接图案欣赏

　　下面的几幅图的主题图案与线性边框之间以及主题图案
与主题图案之间都是直接接触连接。

图一：

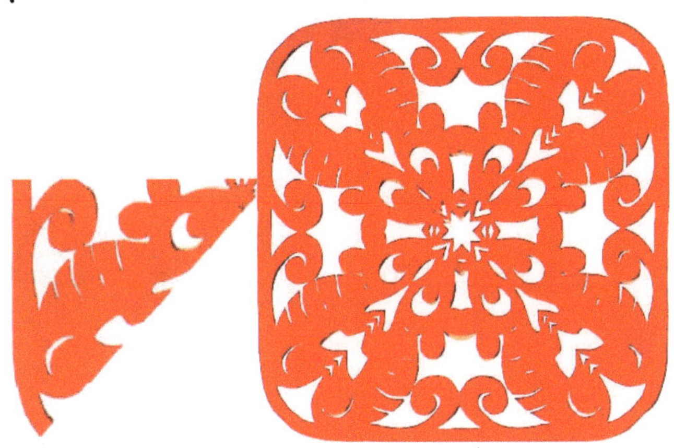

图二：

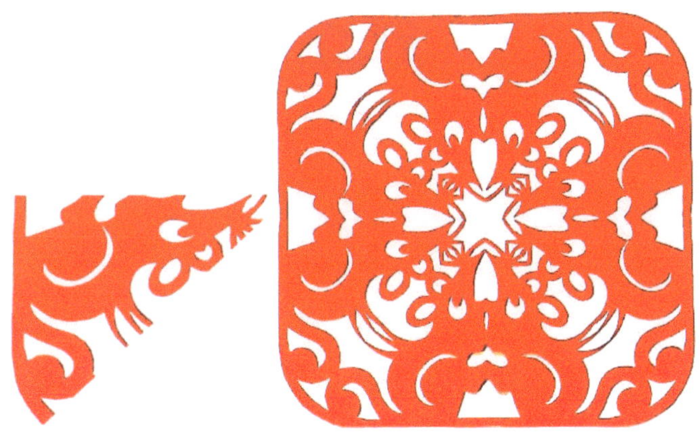

图三：

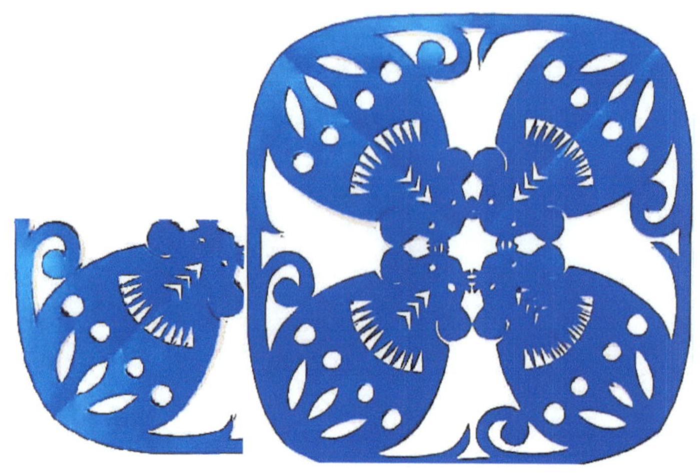

五、混合连接图案欣赏

图一：

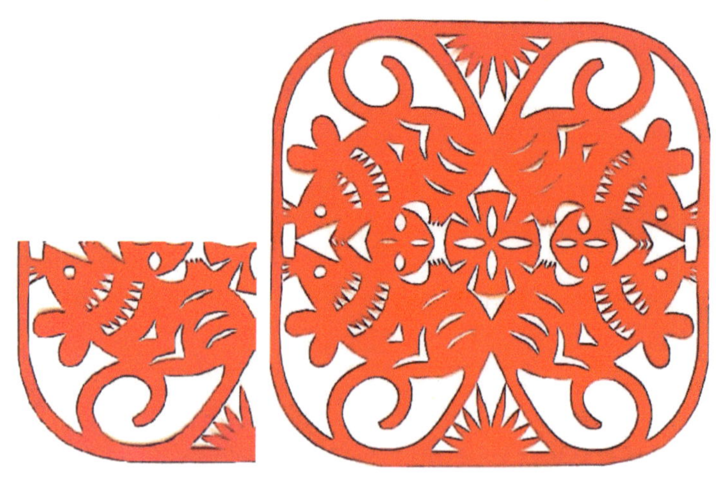

图二：

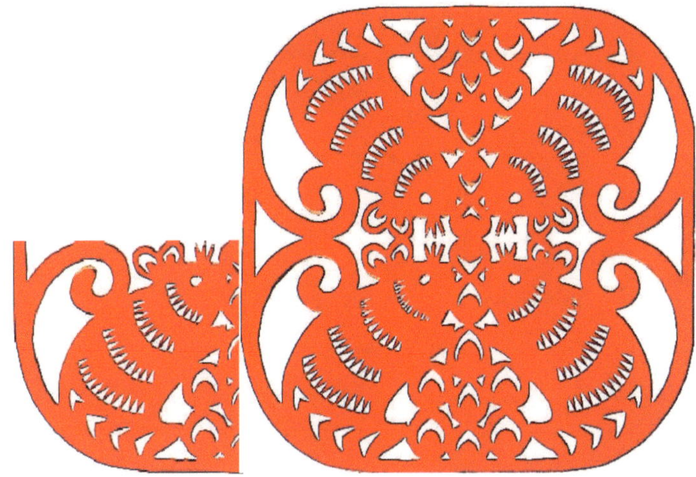

图三：

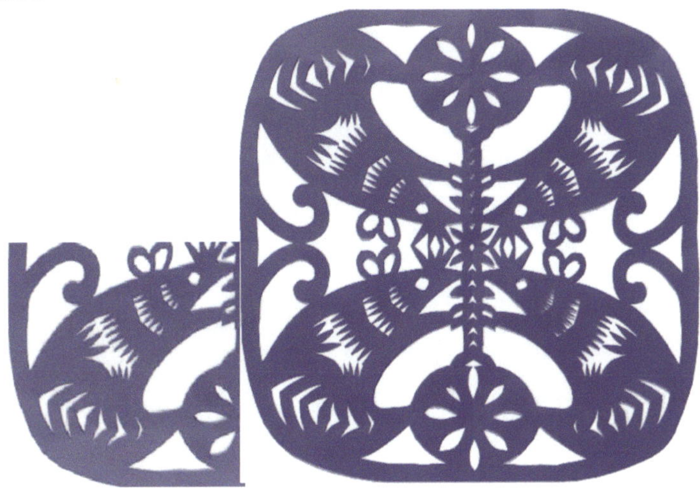

图四：

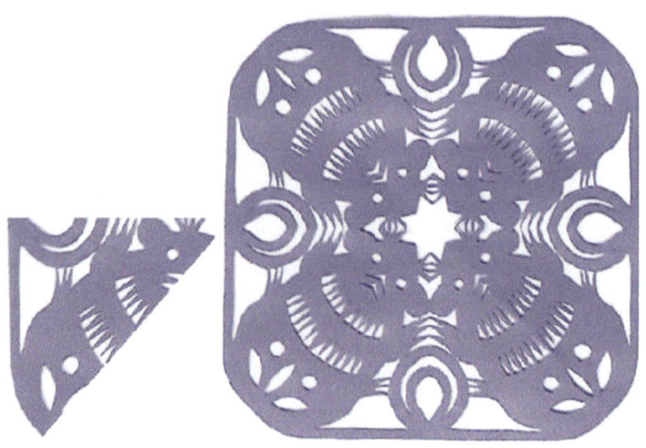

图五：

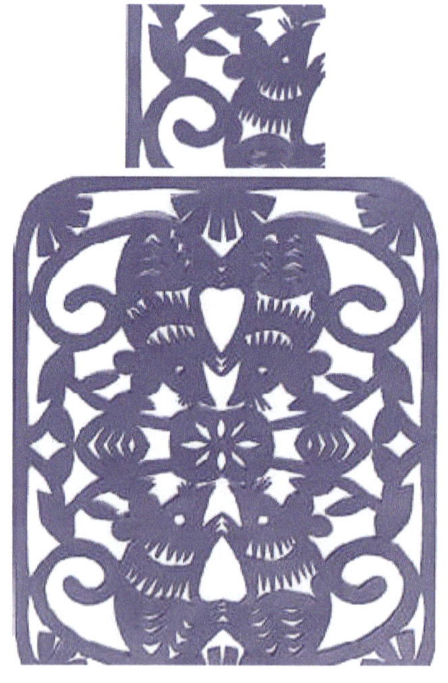

第二节　蝴蝶

一、将一张正方形的纸对角三
折法折好后，画单元图案如下：

二、沿着轮廓线剪下：

三、展开成图：

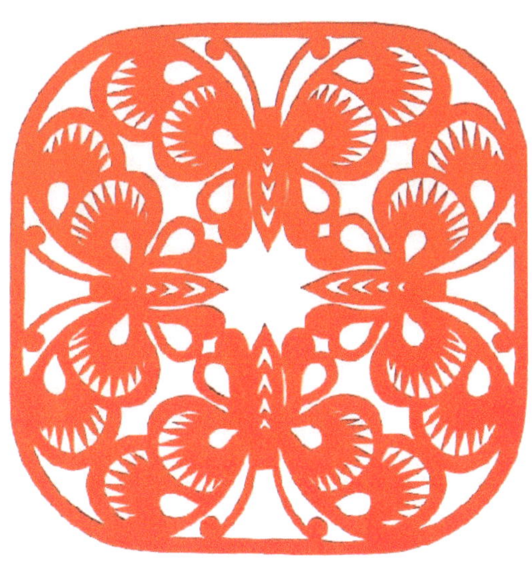

这幅图案的线性
边框与蝴蝶图案
之间以及蝴蝶图
案与蝴蝶图案之
间都是直接接触
连接。

四、直接接触连接图案欣赏

下面的几幅图案的线形边框与蝴蝶图案之间以及蝴蝶图案之间都是直接接触连接。

图一：

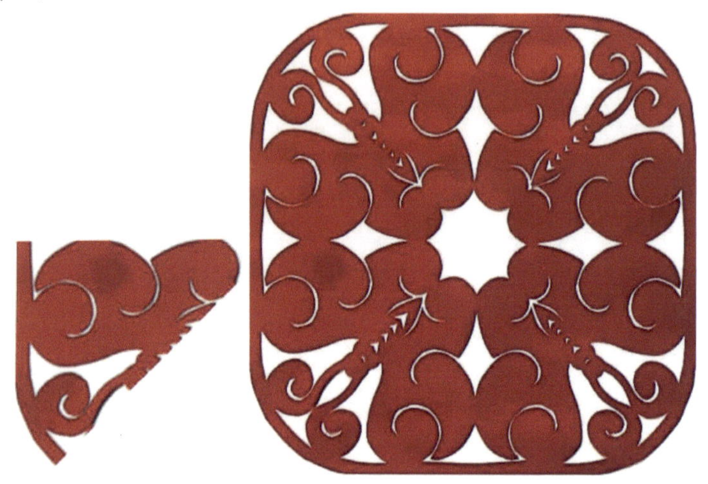

图二：

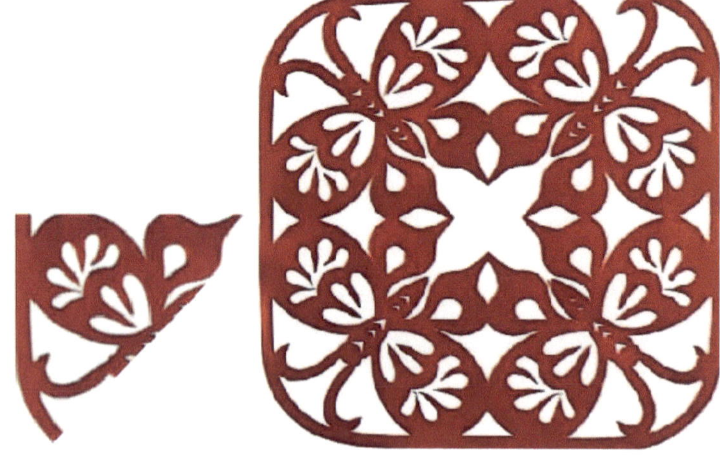

图三：

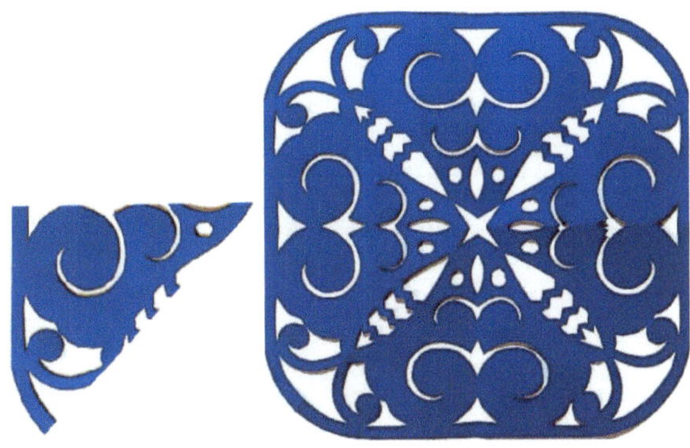

图四：

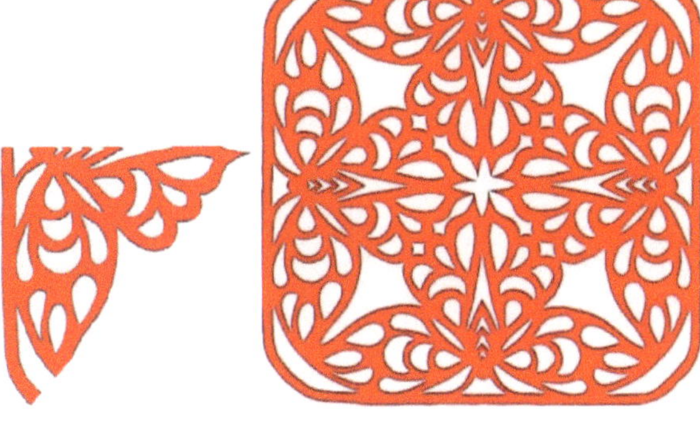

图五：

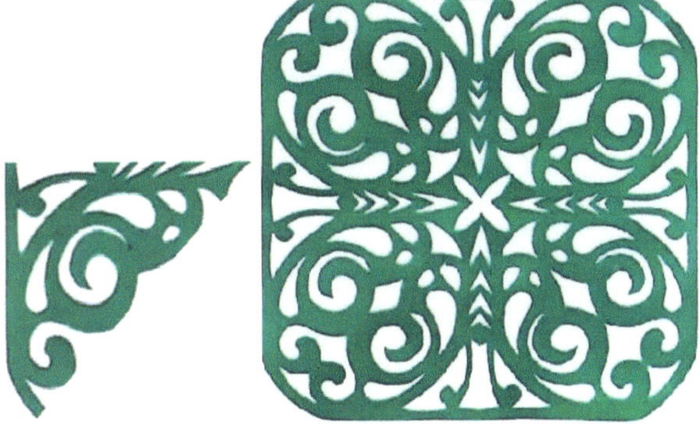

图六：

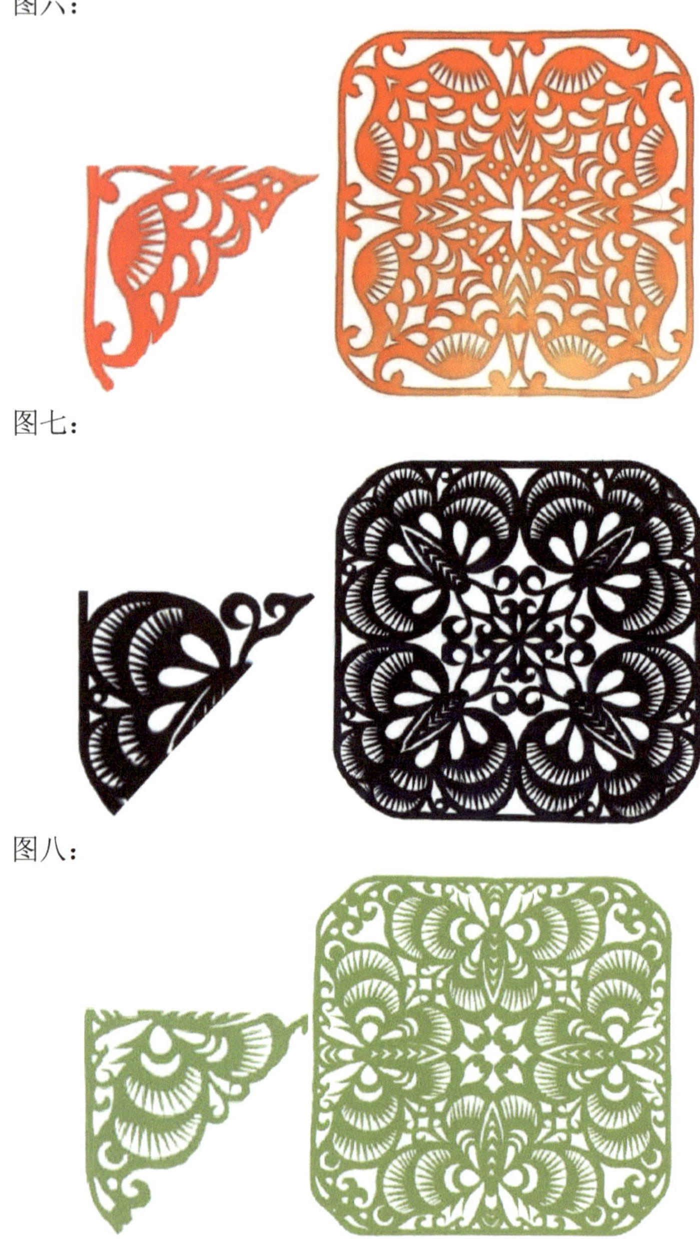

图七：

图八：

五、下面的这几幅图案的主题图案蝴蝶与线性边框之间是直接接触连接，主题图案与主题图案之间是混合连接。

图一：

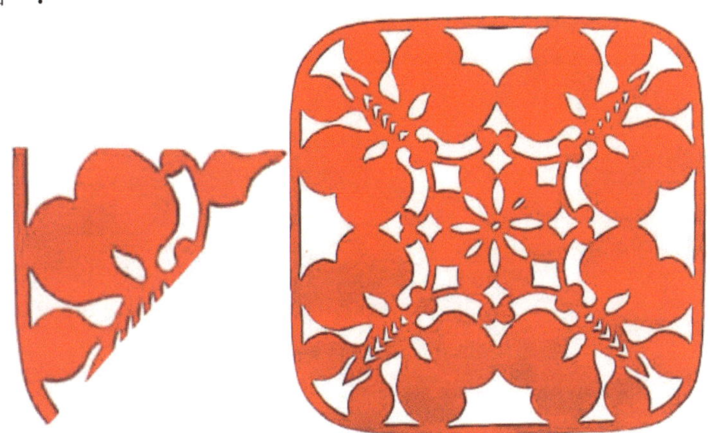

图二：

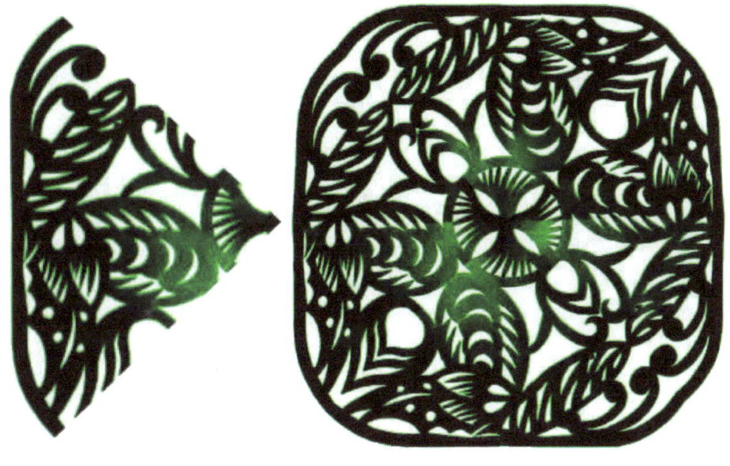

图三：

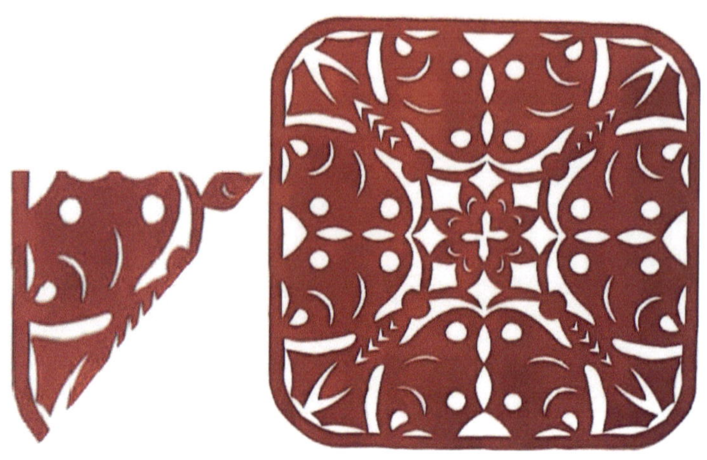

六、下面几幅图案的主题图案与主题图案之间以及主题图案
与线性边框之间都是混合连接。

图一：

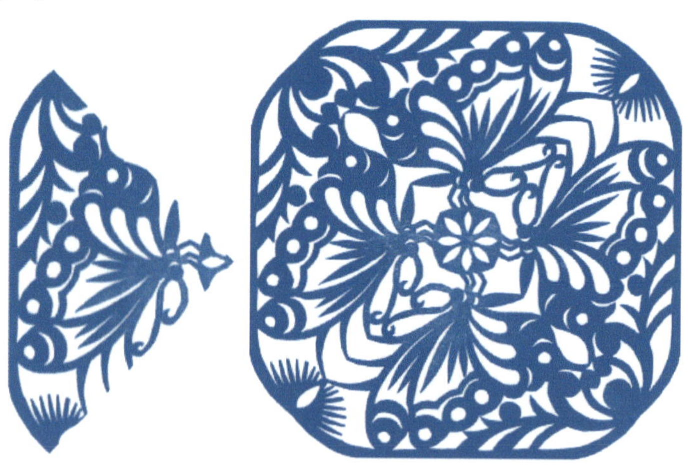

图二：

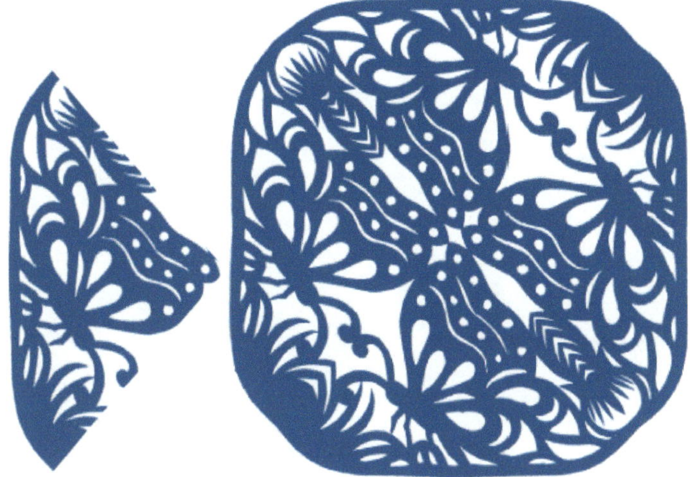

图三：

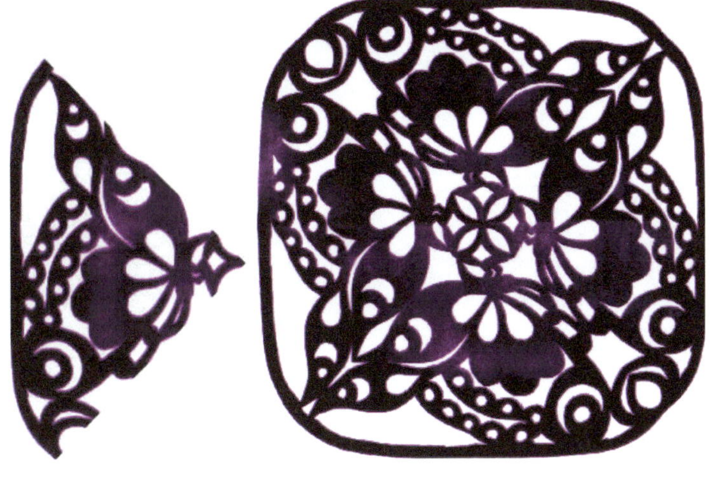

图四：

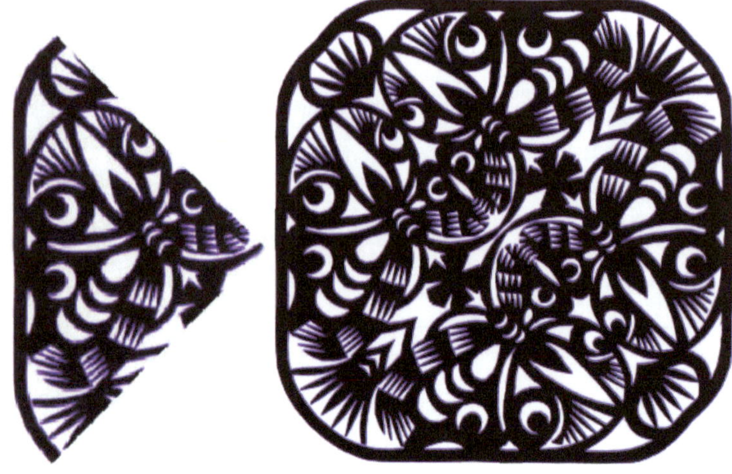

图五：

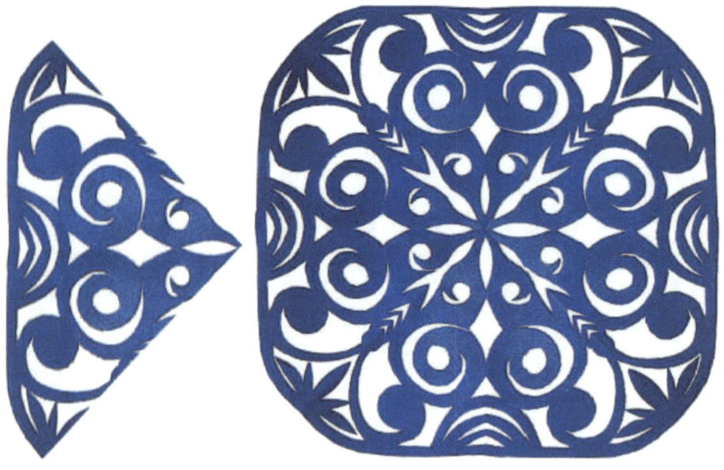

第三节 蝙蝠

一、将一张正方形的纸对角三
折法折好后画单元图案如下： 二、沿着轮廓线剪下：

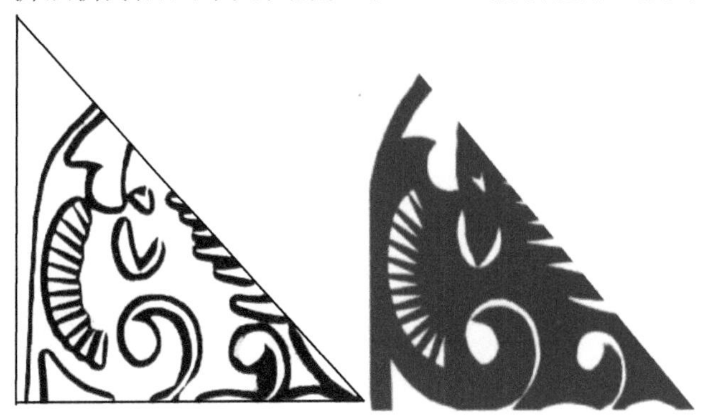

三、展开成图：

四、直接接触连接图案欣赏

图一：

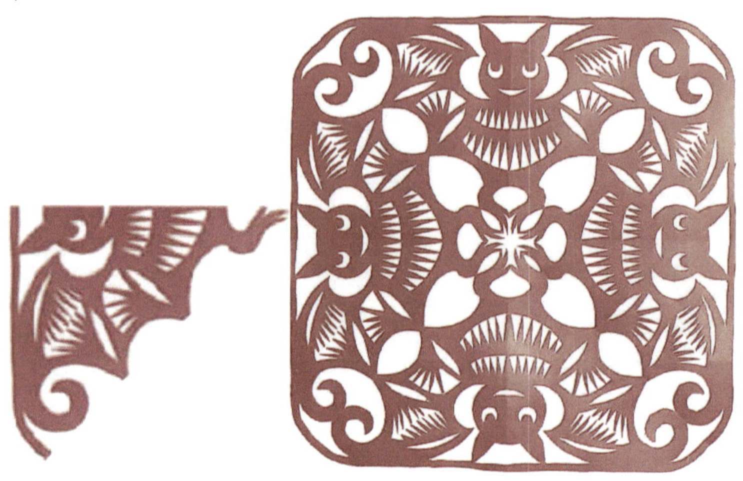

图二：

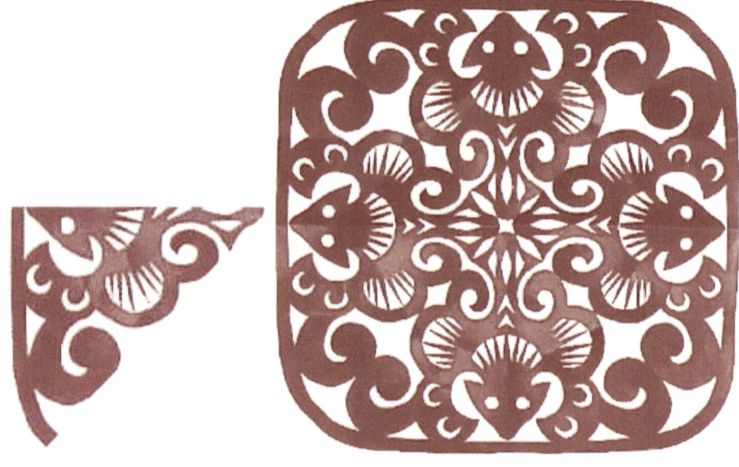

图三：

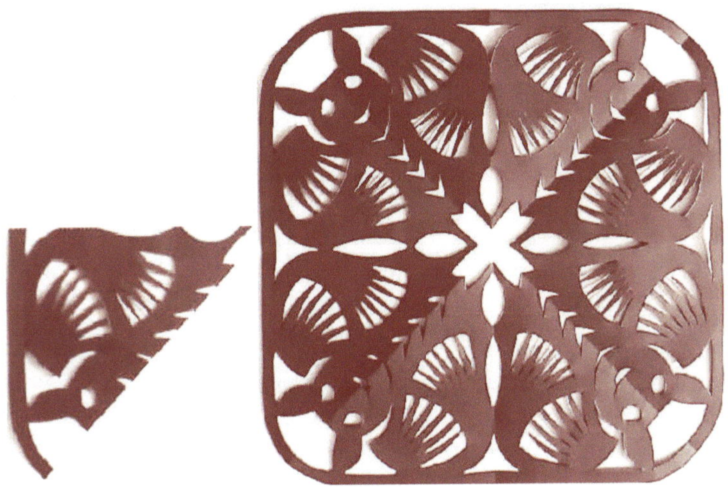

图四：

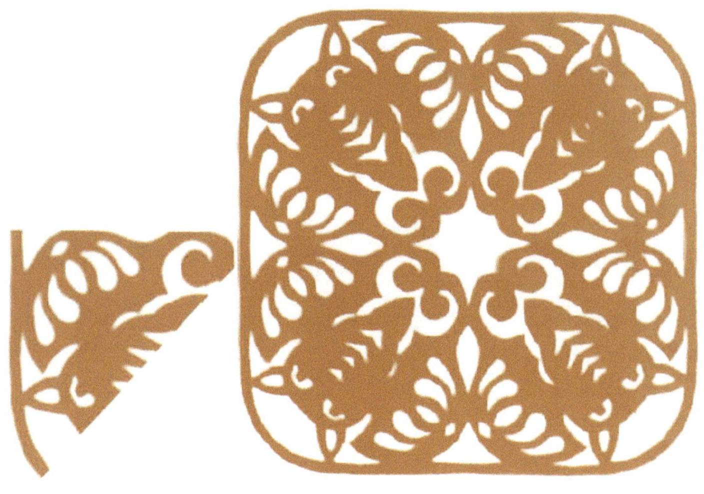

图五：

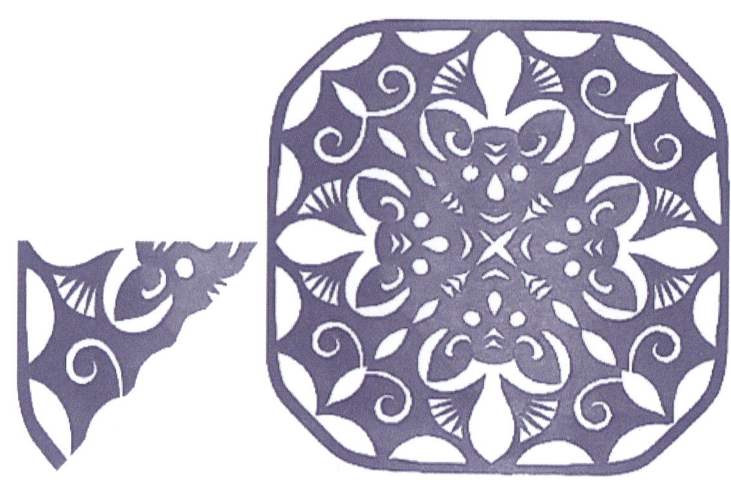

图六：

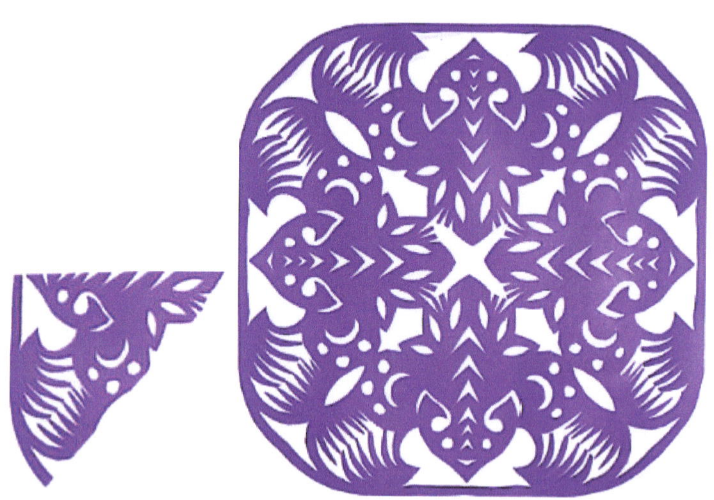

图七：

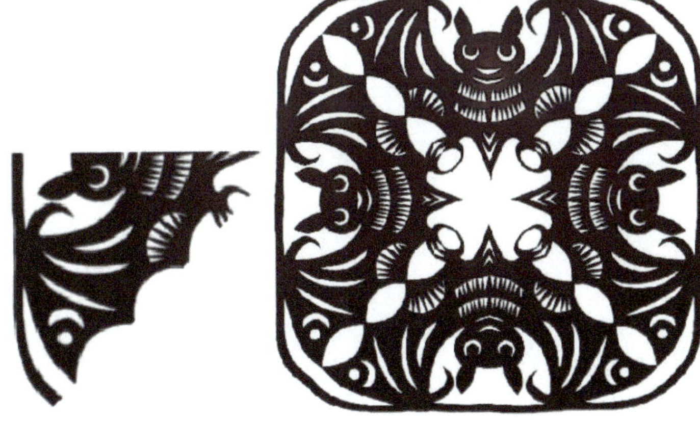

图八：

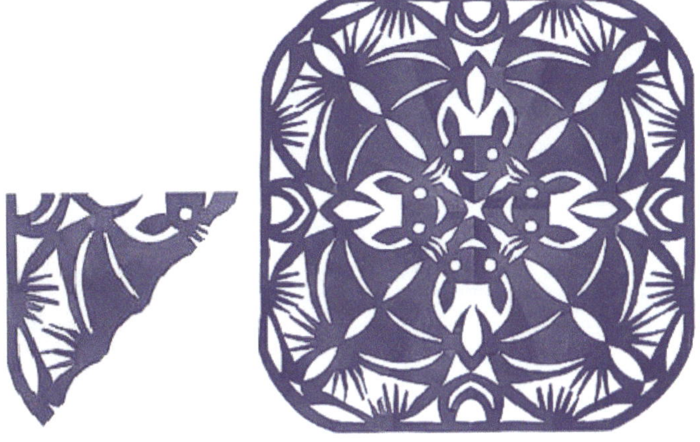

第四节　鱼

一、将一张正方形的纸对角三
折法折好后，画单元图案如下：二、沿着轮廓线剪下：

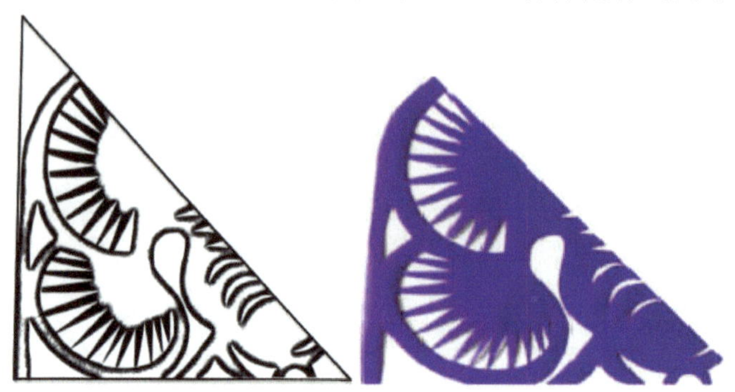

三、展开成图：

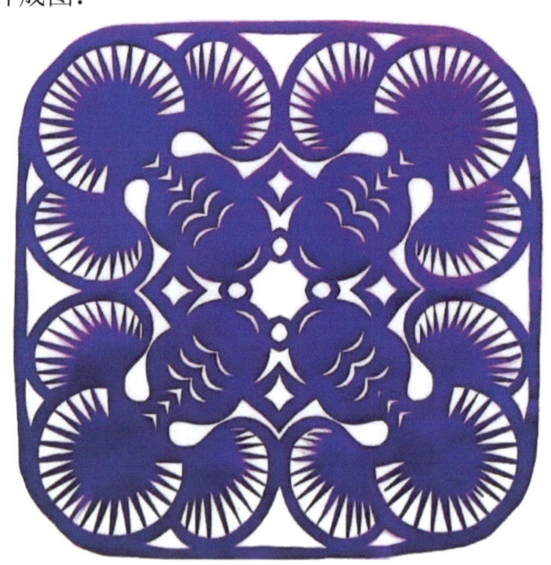

四、直接接触连接图案欣赏

图一：

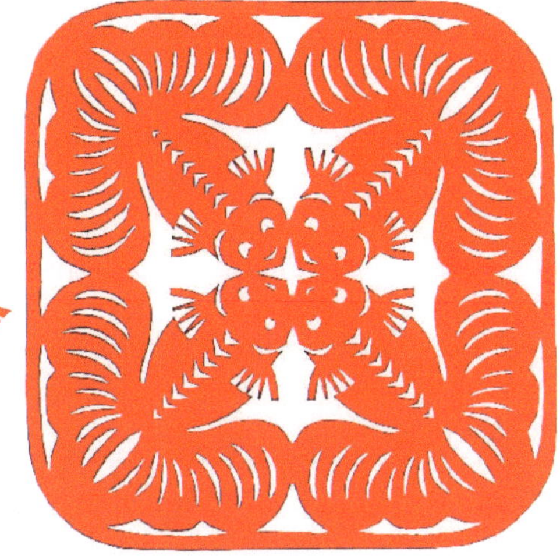

图二：

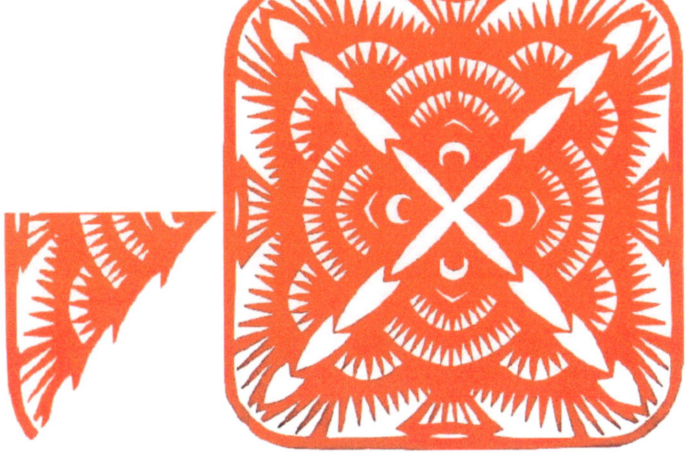

图三：

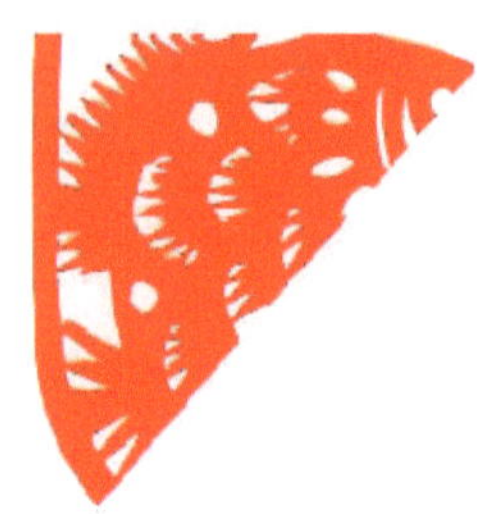 

图四：

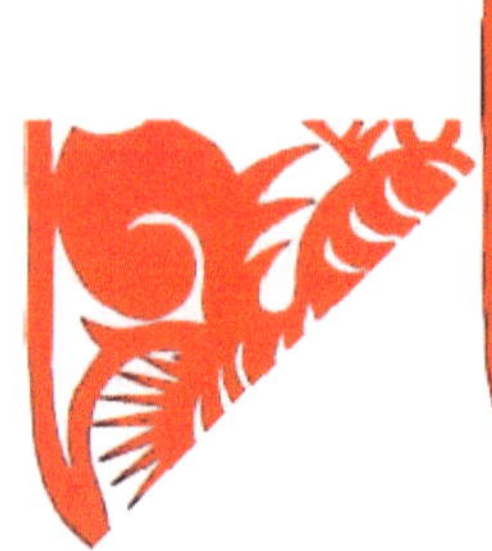 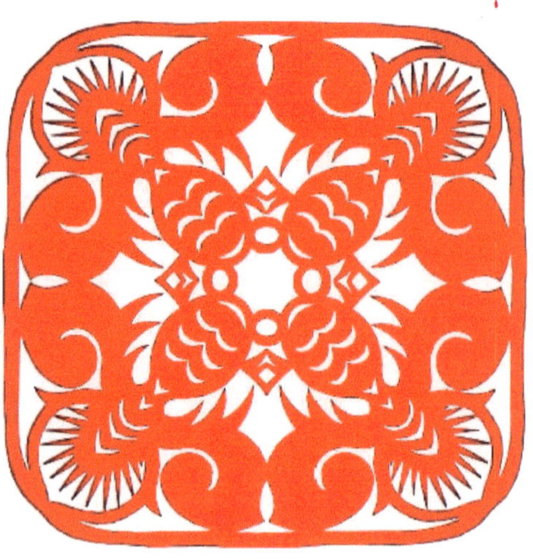

图五：

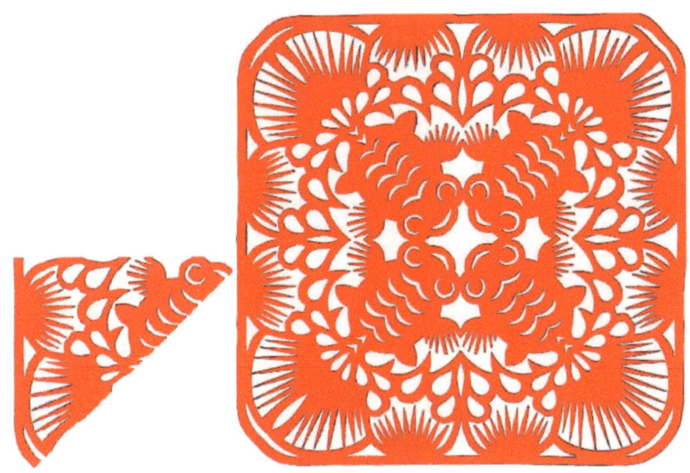

五、混合连接图案欣赏

图一：

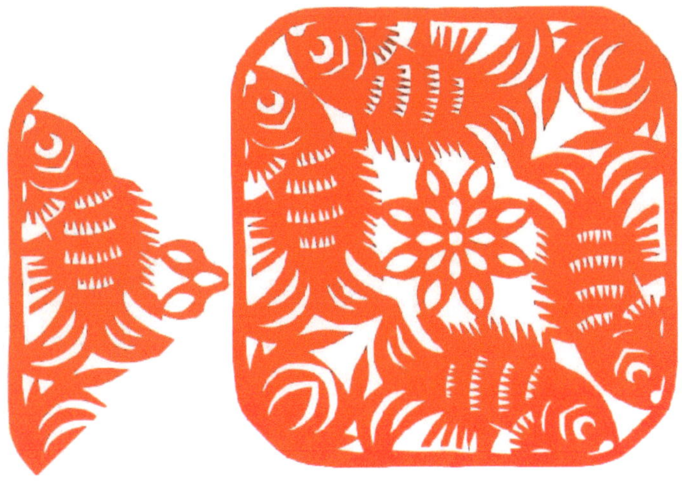

图二：

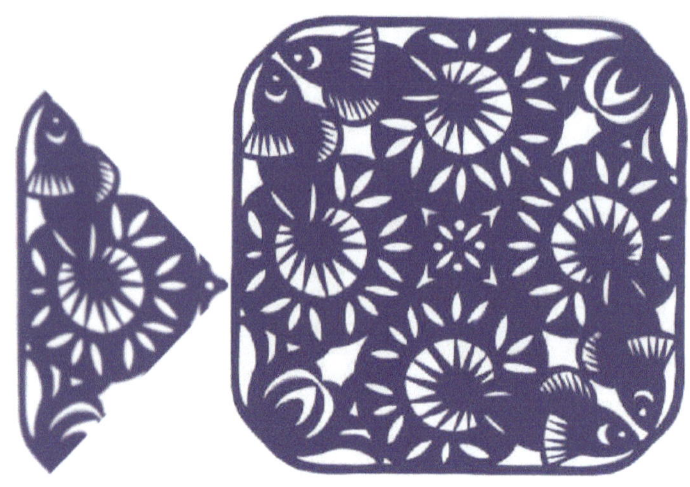

图三：

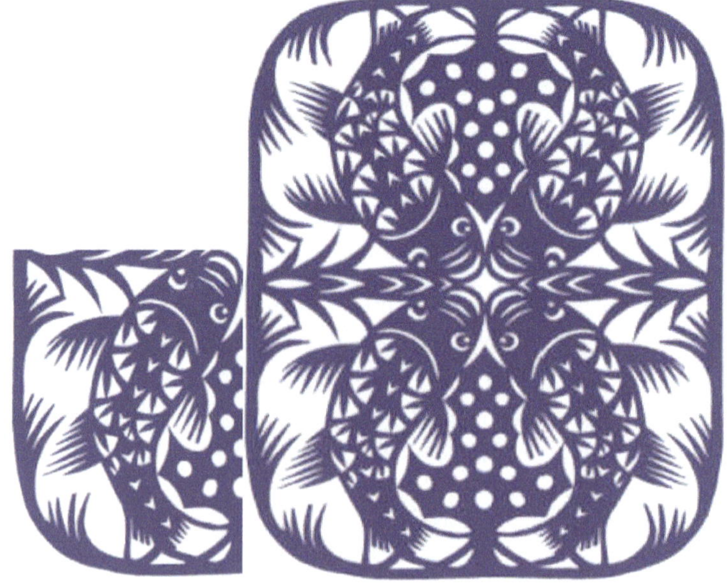

第五节　刺猬

一 、将一张正方形的纸对边二
折法折好后画单元图案如下：二 、沿着轮廓线剪下：

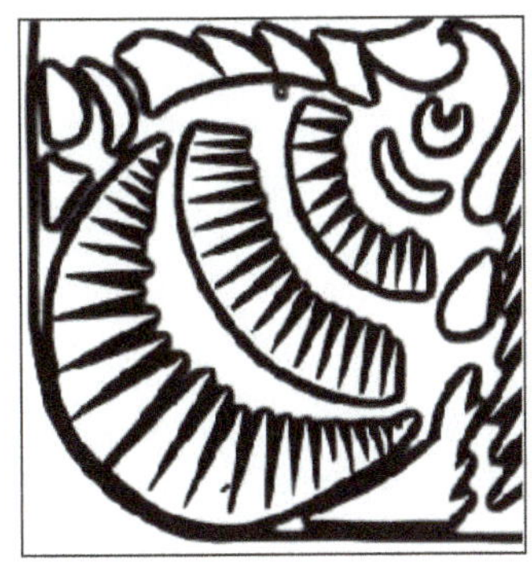 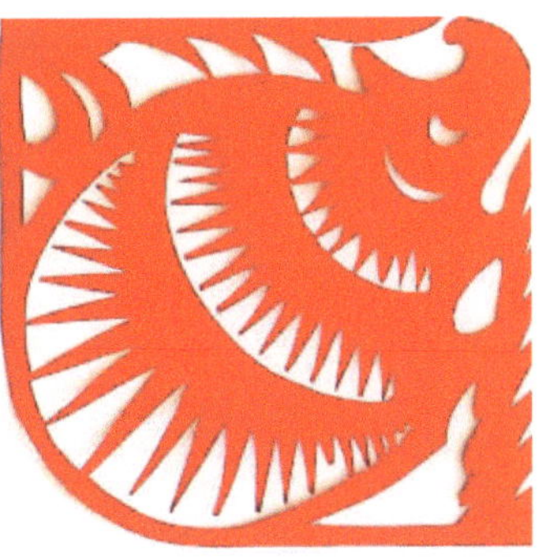

三、展开成图：

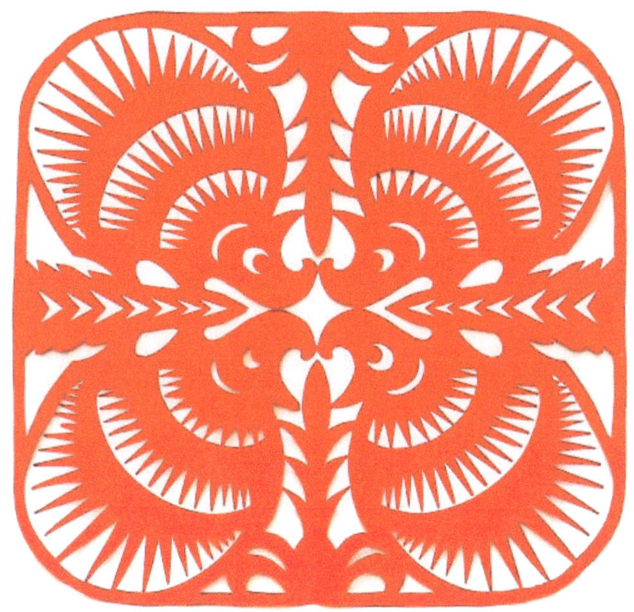

四、直接接触连接图案欣赏

图一：

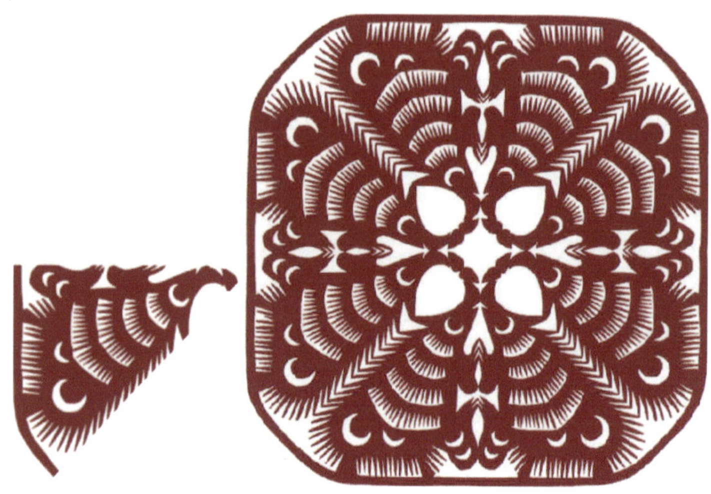

图二：

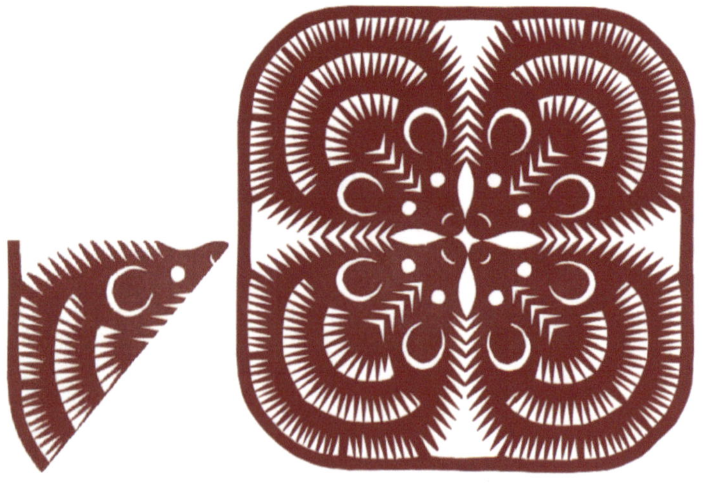

五、下面的两幅图案的主题图案刺猬与线形边框之间是直接接触连接，主题图案之间是混合连接。

图一：

图二：

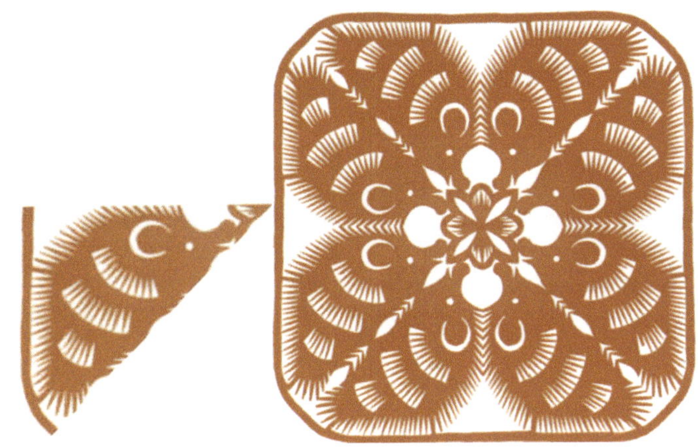

六、混合连接图案欣赏

图一：

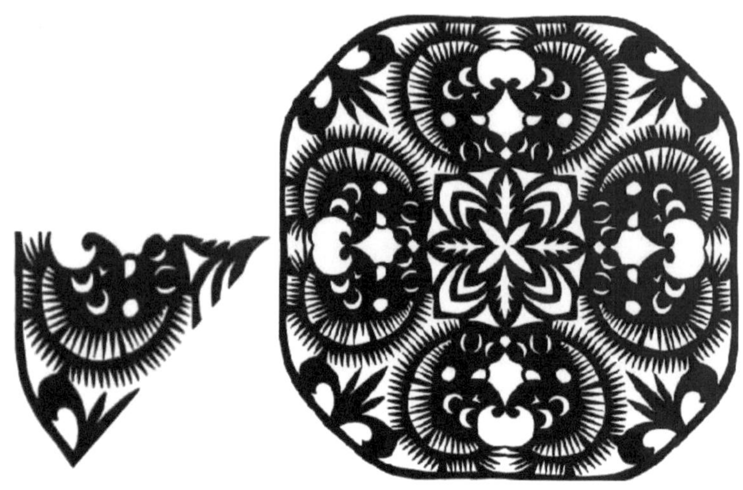

图二：

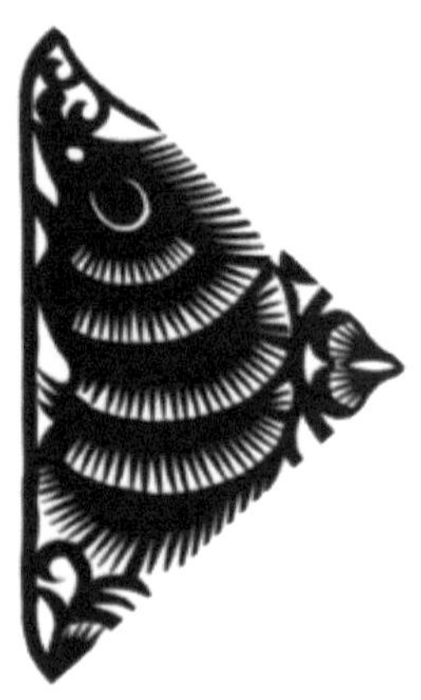
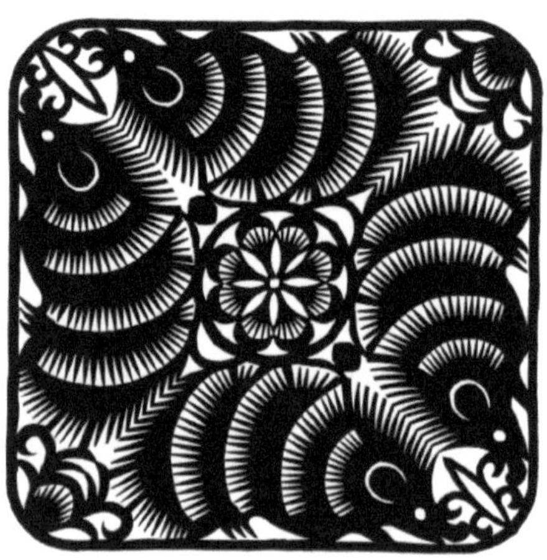

第二章　　心形边框

第一节　心形边框和图案变换

一、心形边框法

　　以心形图案为边框，中间设计各种图案的方法，本书称为心形边框法。心形边框的具体剪图和设计方法介绍如下：

　1、将一张正方形的纸对角三折法折好后，画上单元图案如下图所示：

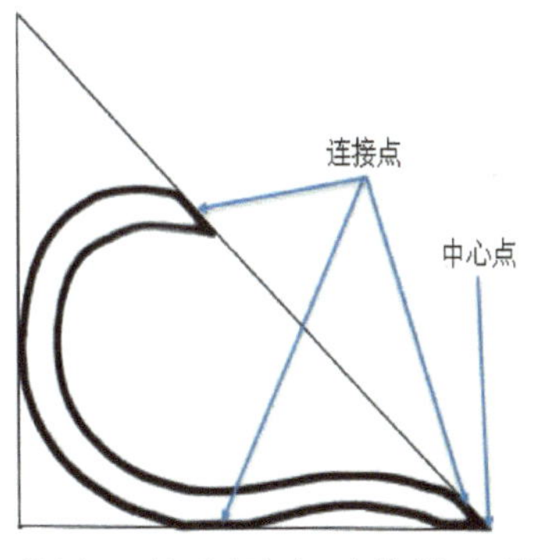

在设计图案时，要考虑所要表现图案的对称性和单元图案之间的连接点，连接点要自然合理使整个连环图案形成一个整体。图中有三处连接点和一个中心点。剪图时，连接点不剪断。这种剪法可检出四个对称的心形图案，画图时一般要画出一个对称心形图案的一半（单元图案），整幅图案的八分之一。

　2、　沿着轮廓线剪下：

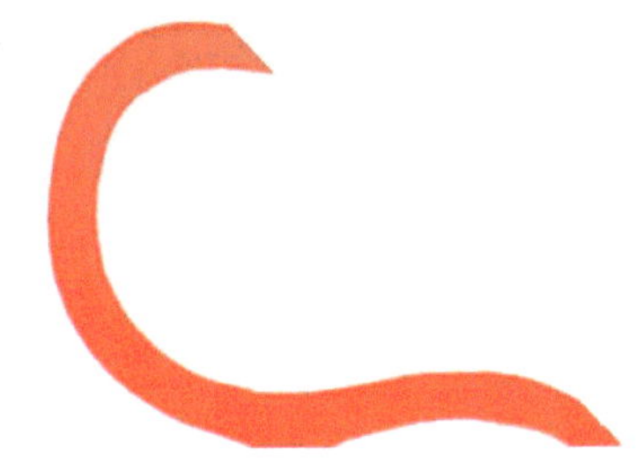

3、展开成图：

这幅连环剪纸图案的心形图案之间是直接接触连接。

二、图案变换

1、 心形边框里面加圆弧形图案变化如下：

2、心形边框里面加一花瓣图案变化如下：

3、花瓣上加锯齿纹后剪出图形如下：

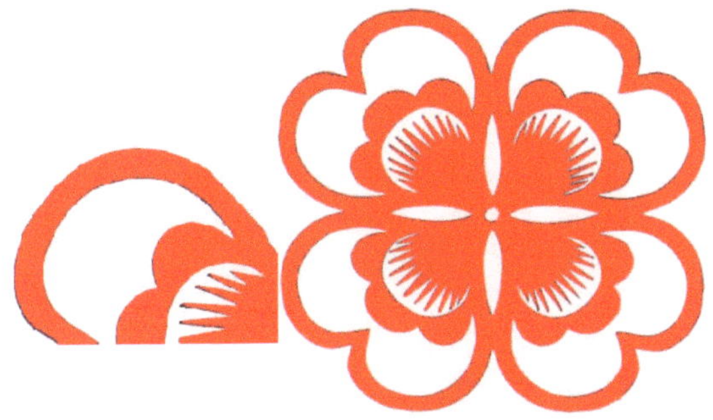

4、更复杂的心形边框连环剪纸图案如下：

图一：

图二：

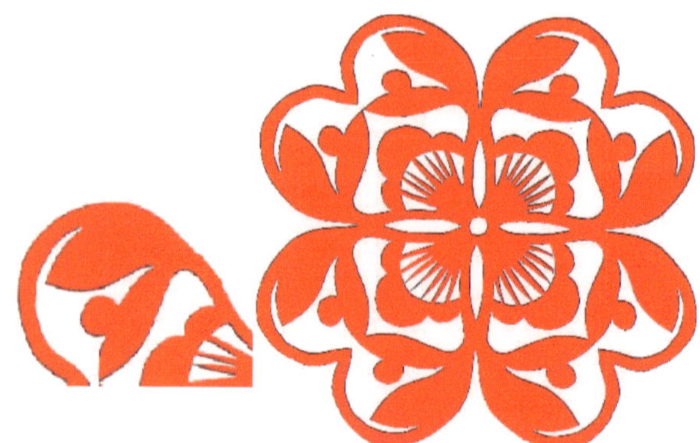

图三：

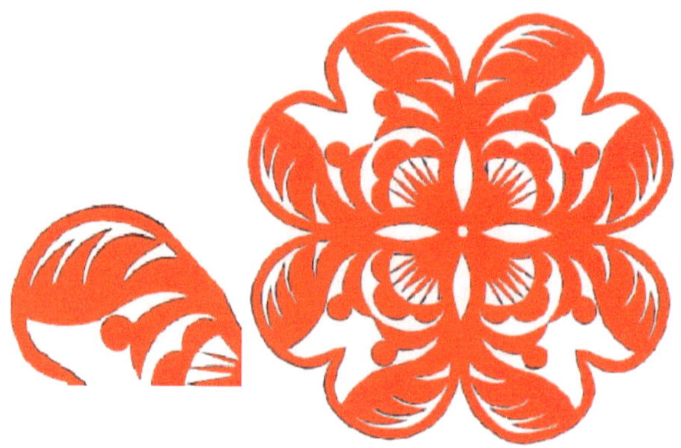

图四：

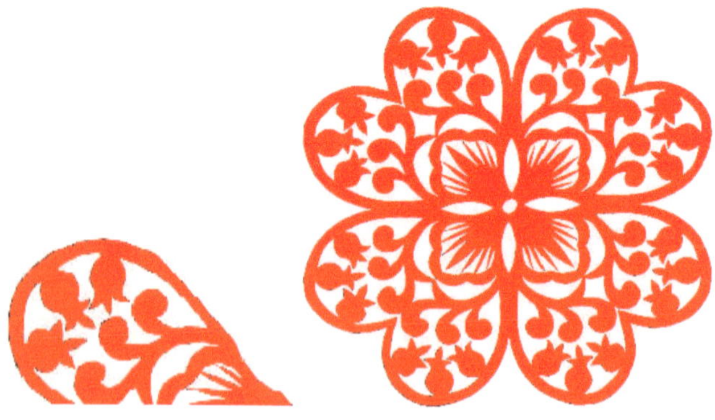

5、　上述几种图案列在一起如下图所示：

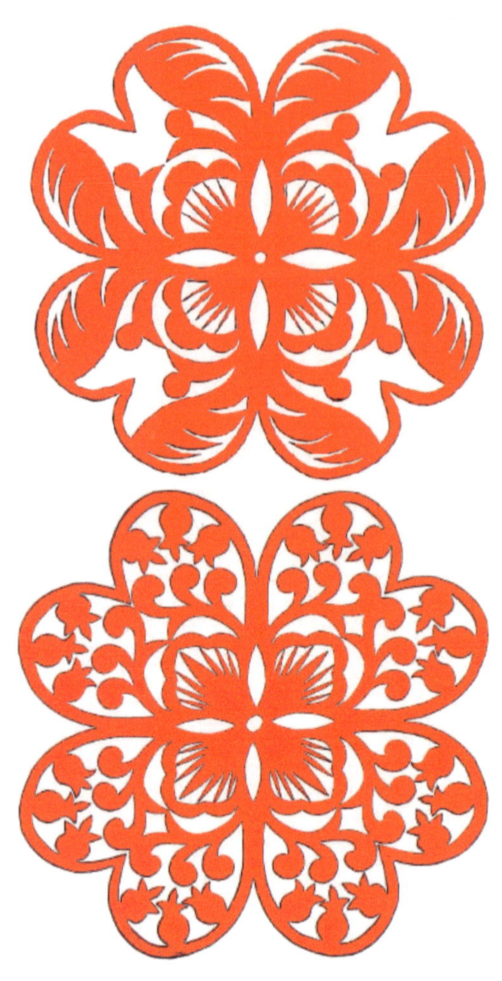

　　将以上几幅图案放在一起观察比较一下，可以看出心形边框图案的由简单到复杂的变化过程，单元图案中有一个微小的变化，整幅图的图案会有很丰富的变化。

第二节 春字

　　人们常常在过春节时剪春字，表示冬去春来，春暖花开，春意盎然之意。春字可单独剪，也可放在心形边框里面剪，使图形更加美观。其剪图步骤如下：

一 、将一张正方形的纸对角三折法

折好后，画单元图案如下： 二、 沿着轮廓线剪下：

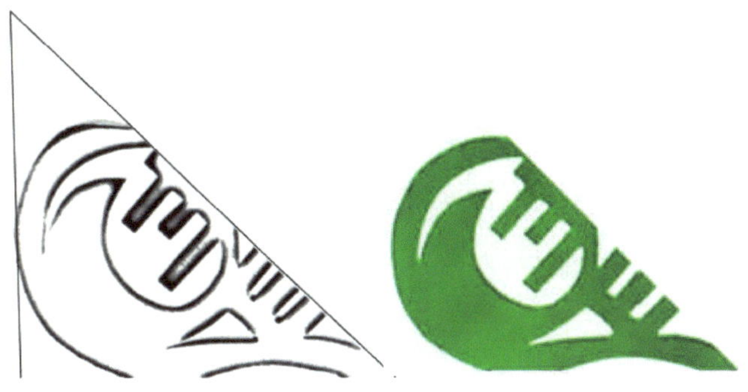

三、 展开成图：

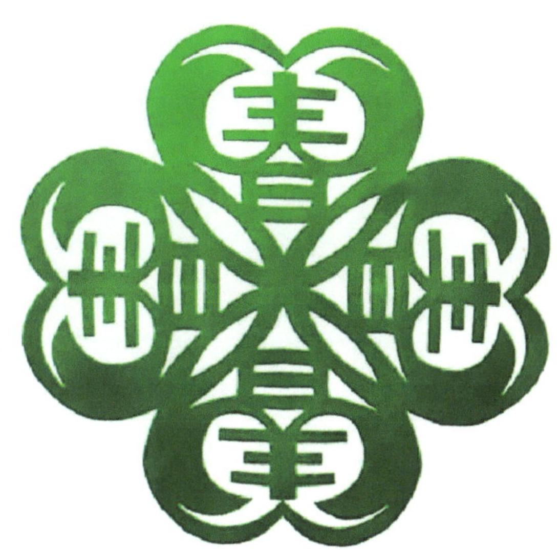

四、图案欣赏

图一：

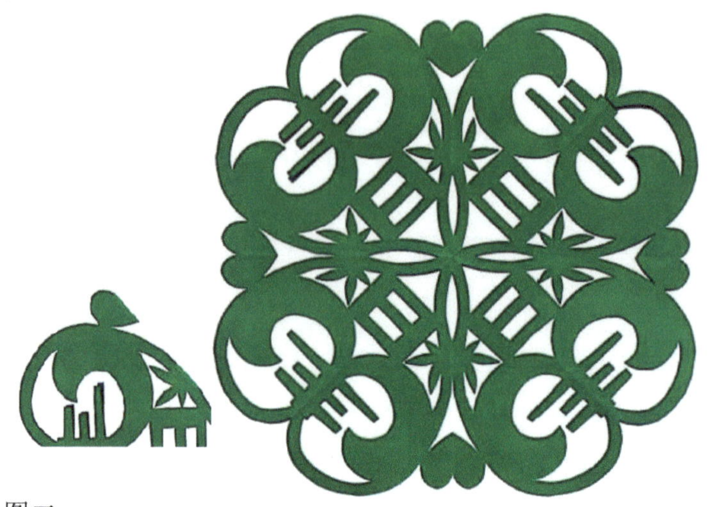

图二：

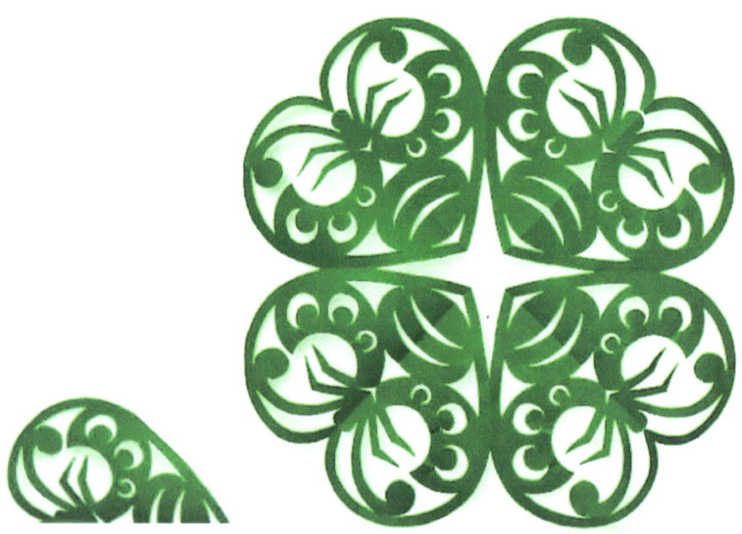

图三：

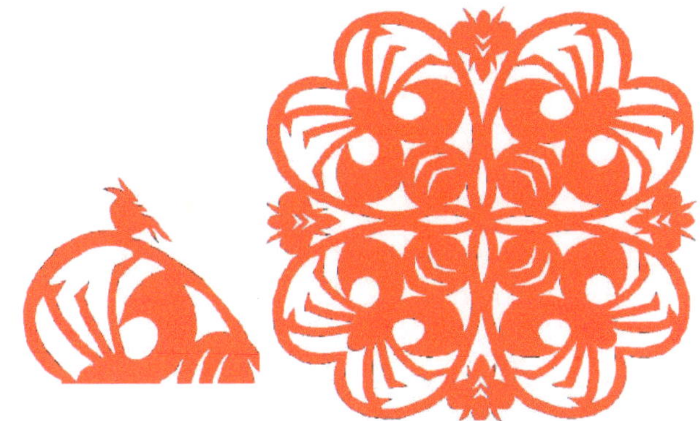

图四：

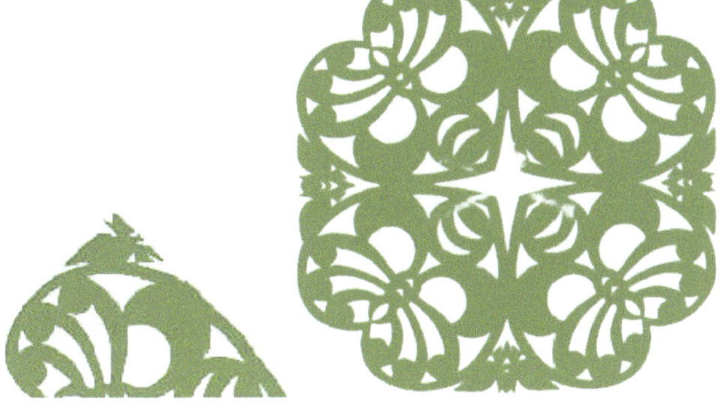

图五：

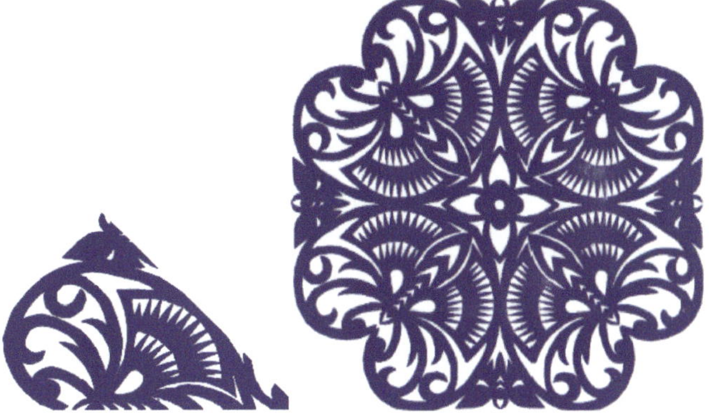

第三节　熊猫

熊猫是中国的国宝级动物，也受各国人们的喜爱。心形边框里面加熊猫，如下图：

图一：

图二：

图三：

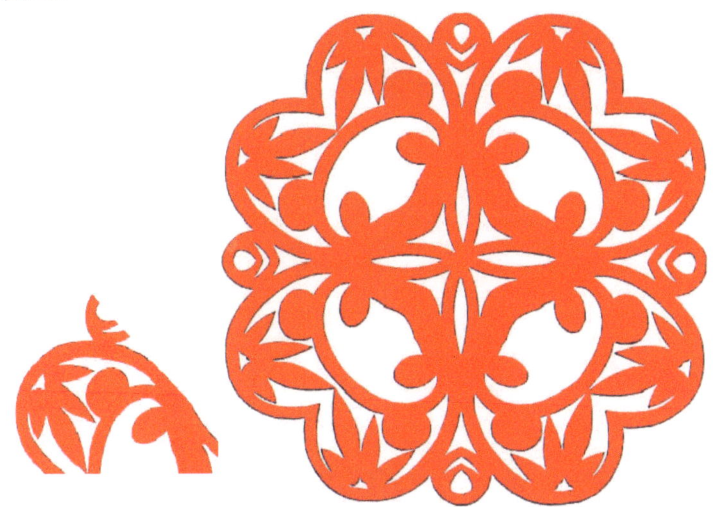

图四：

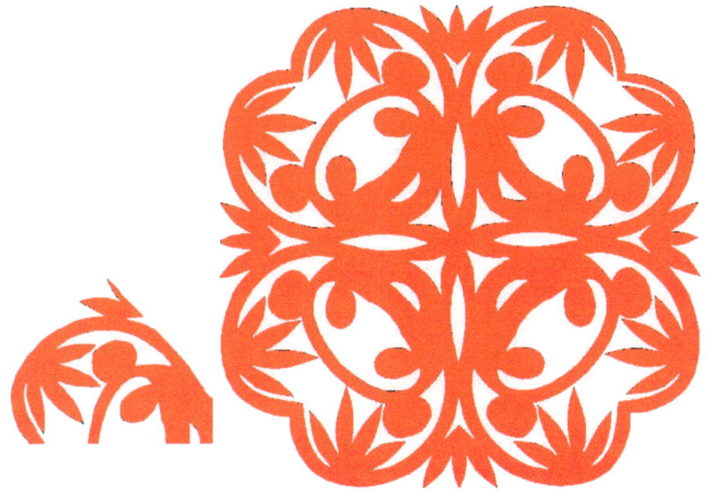

第四节　猫

　　猫是我们非常熟悉的动物，它形象可爱，很受人们的喜欢。心形边框里面加猫，如下图所示：

图一：

图二：

图三：

图四：

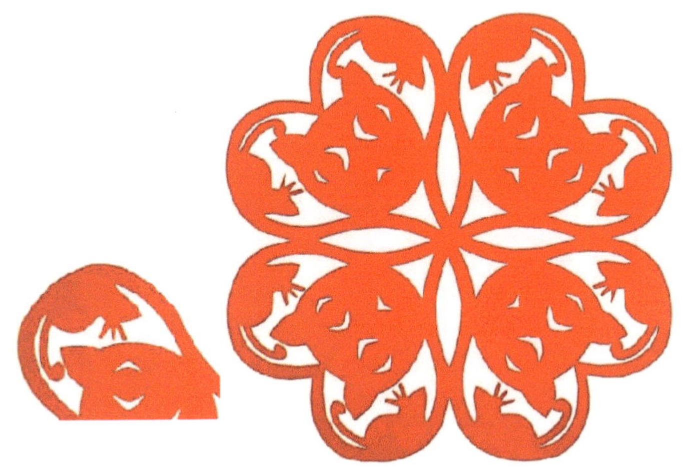

第五节　兔子

心形边框里面加兔子图案如下：

图一：

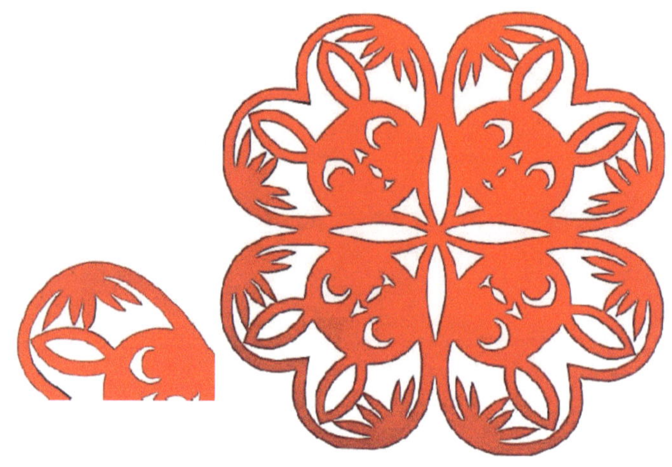

图二：

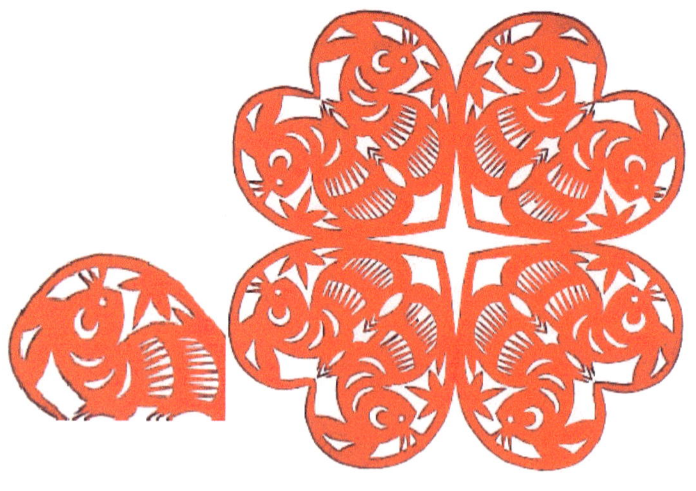

图三：

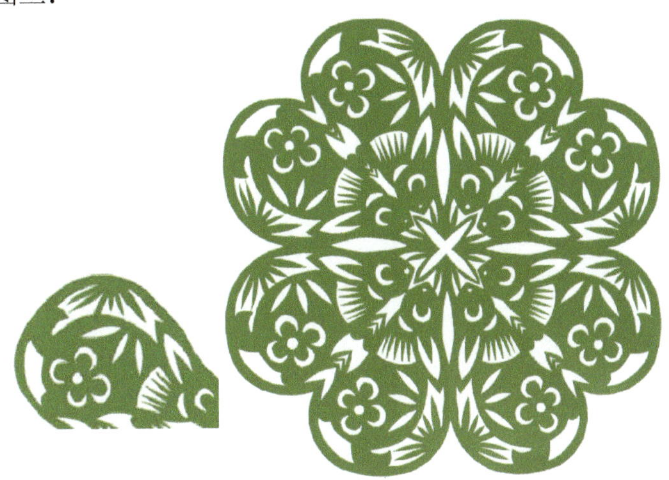

图四：

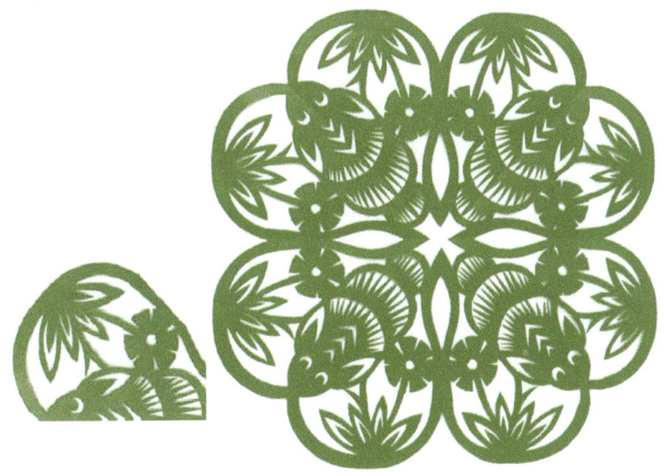

图五：

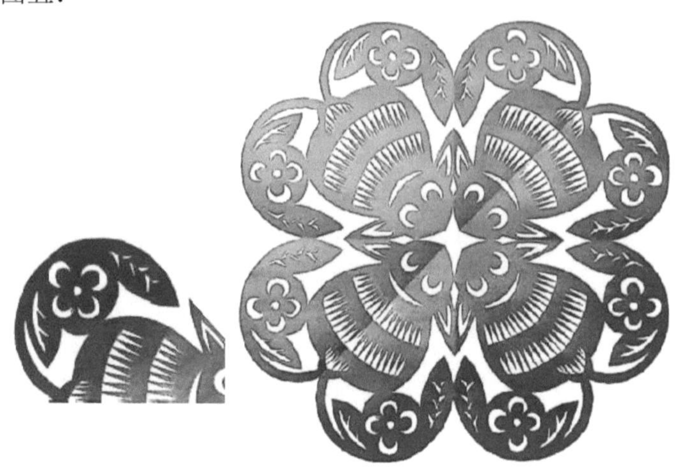

图六：

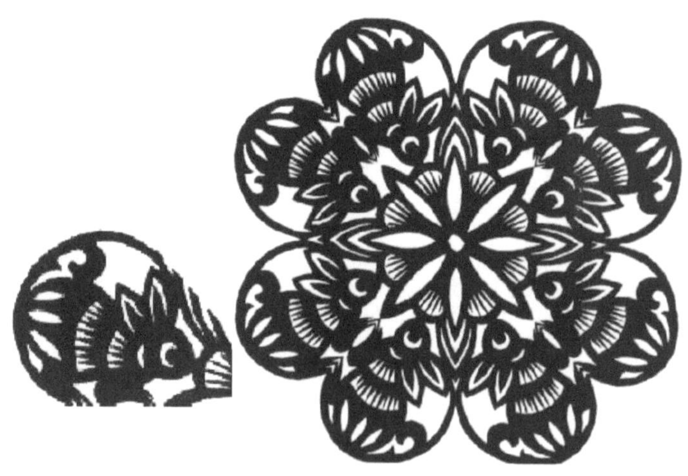

第六节 天鹅

　　心形边框里面加天鹅图案如下：

图一：

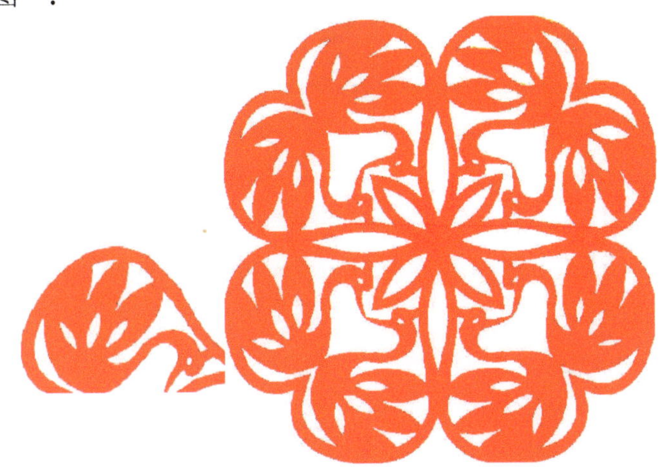

图二：

图三：

图四：

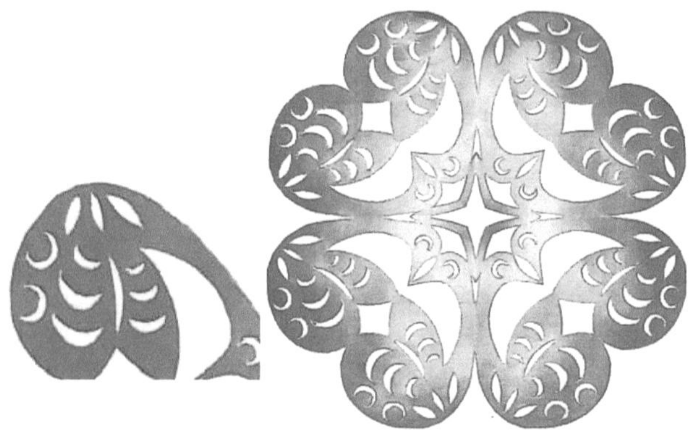

图五：

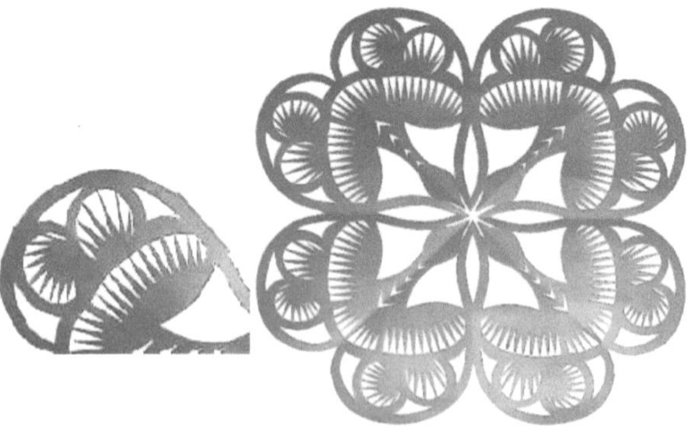

第七节 蜜蜂

心形边框里加蜜蜂图案如下：

图一 ：

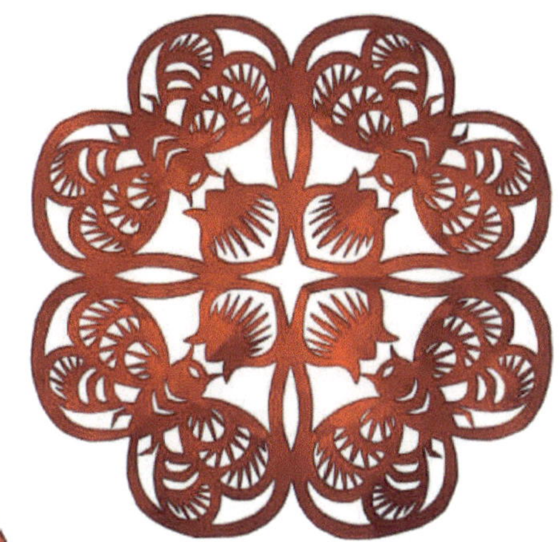

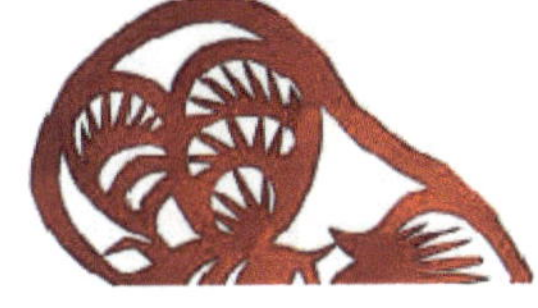

图二：

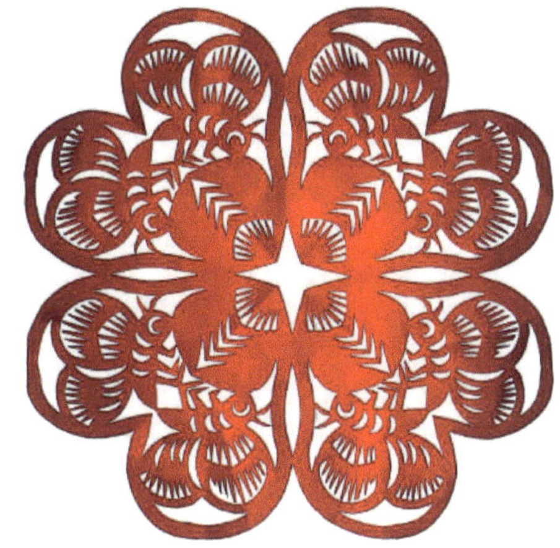

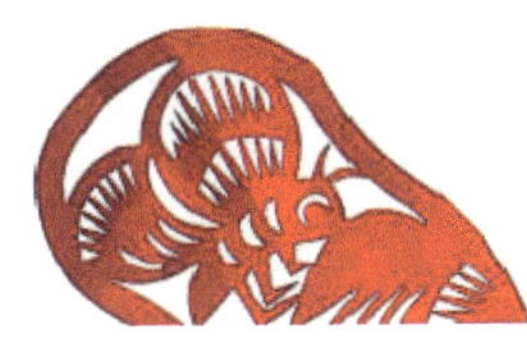

图三：

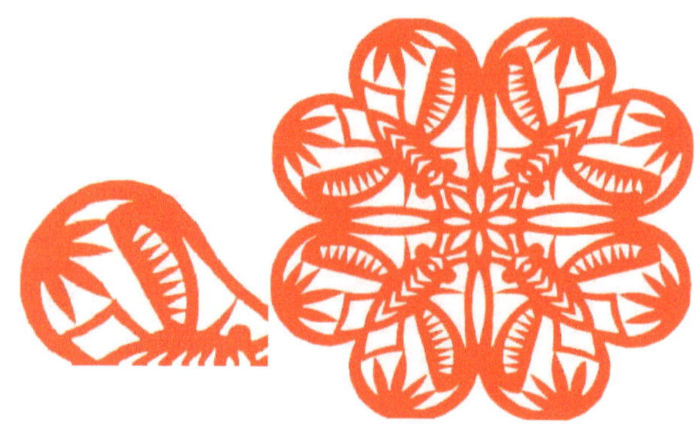

图四：

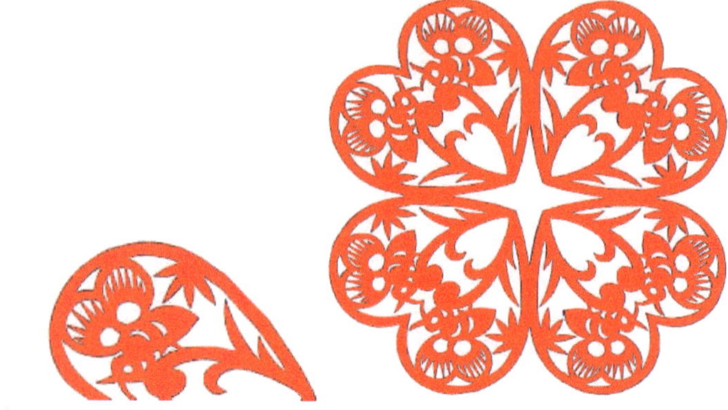

图五：

图六：

图七：

图八：

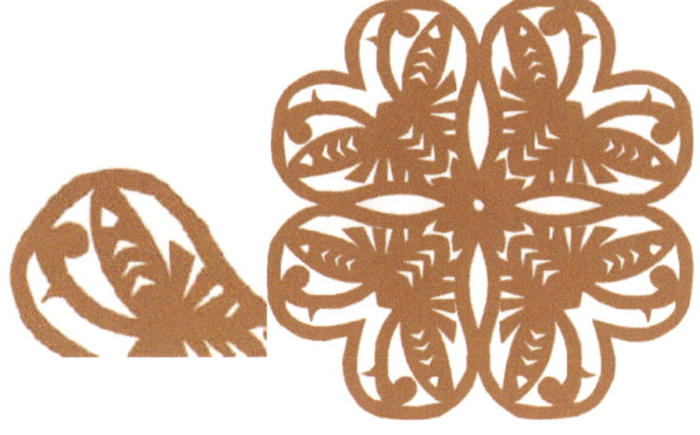

第三章　　花纹边框

花纹边框是指用花纹图案，将剪纸图案固定、连接、装饰起来的边框。花纹边框的设计可以和所表现的主题图案有关，也可以单独设计。花纹边框剪纸图案的设计构图时需要考虑三个因素：主题图案，花纹边框和连接。本章通过以下图例加以说明。

第一节 松鼠

一、将一张正方形的纸对角三
折法折好后画单元图案如下：　二、沿着轮廓线剪下：

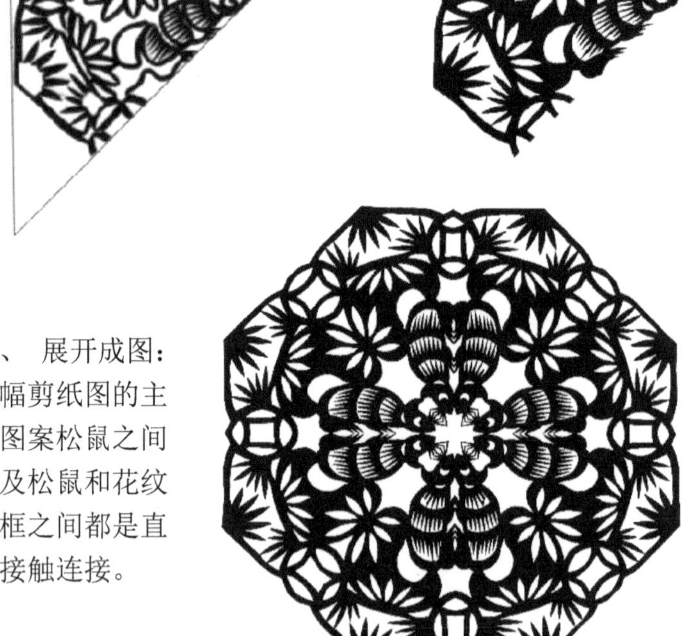

三、 展开成图：
这幅剪纸图的主
题图案松鼠之间
以及松鼠和花纹
边框之间都是直
接接触连接。

四、图案欣赏

1、下面的两幅图案的主题图案松鼠之间，以及主题图案与花纹边框之间都是直接接触连接。

图一

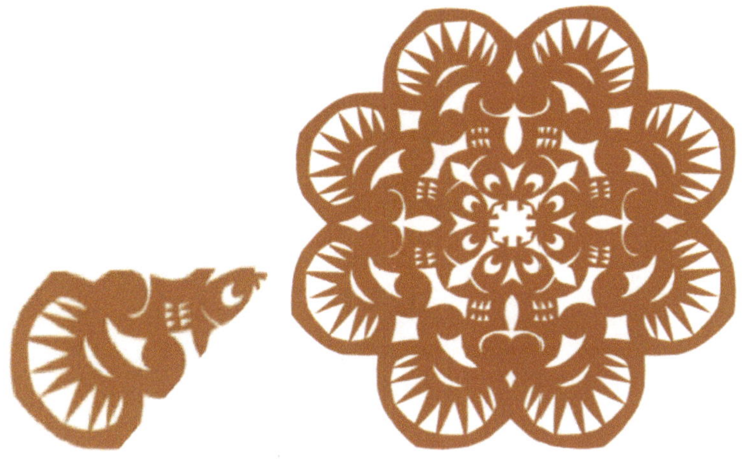

图二：

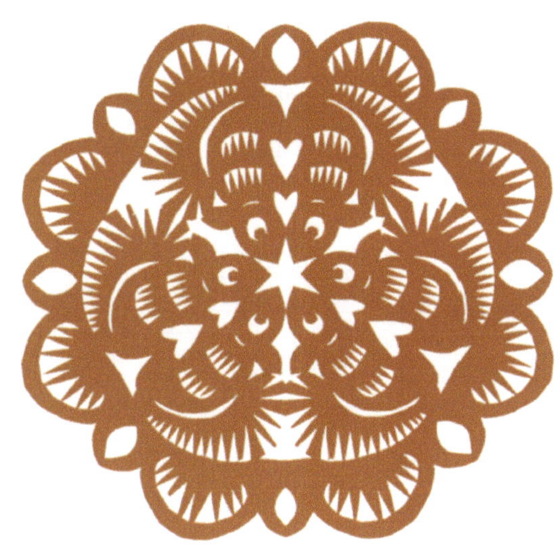

2、下面的两幅图案的主题图案与花纹边框之间以及主题图
案之间都是混合连接。

图一：

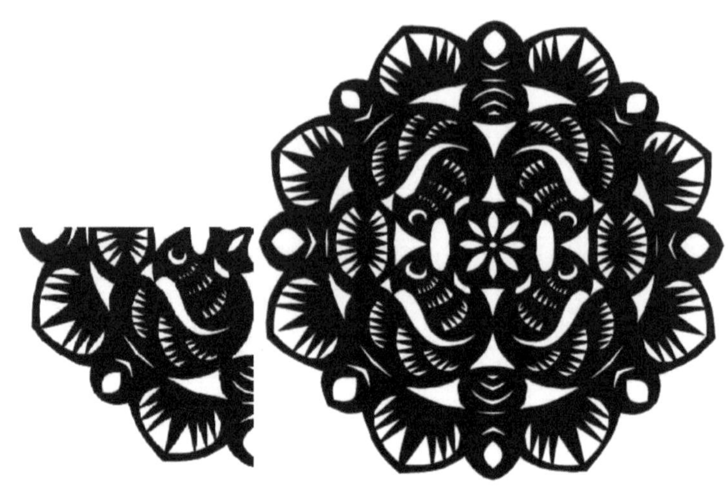

图二：

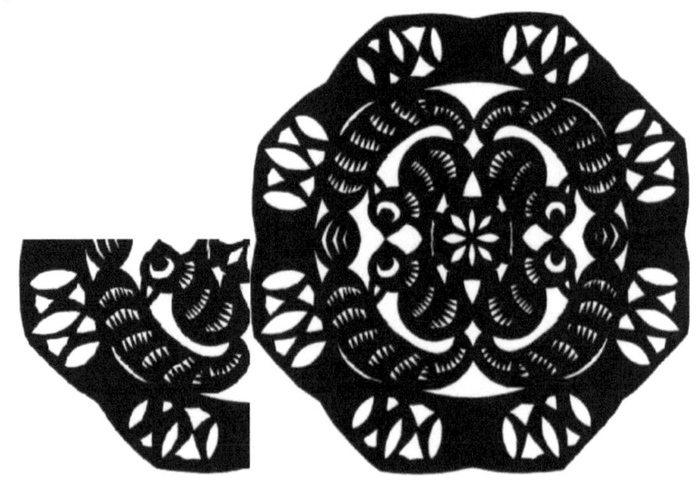

第二节　蜗牛

一、将一张正方形的纸对角三折

　　法折好后，画单元图案如下：二、沿着轮廓线剪下：

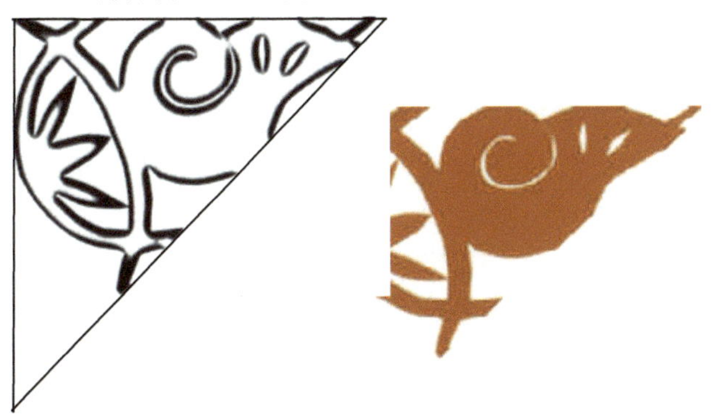

三、　展开成图：

这幅图案
的主题图案之
间以及主题图
案和花纹边框
之间都是直接
接触连接。

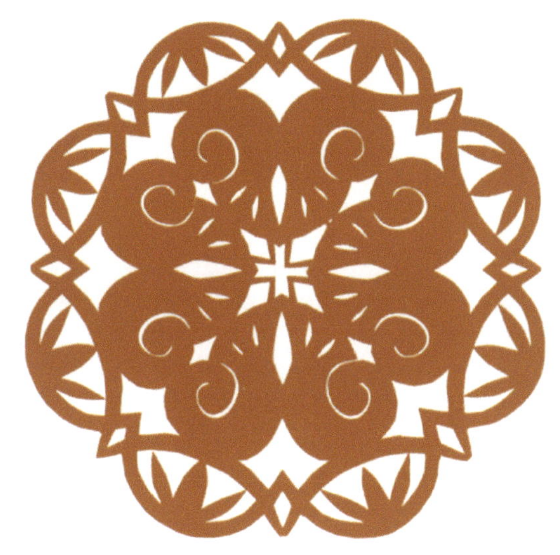

四、直接接触连接图案欣赏

图一：

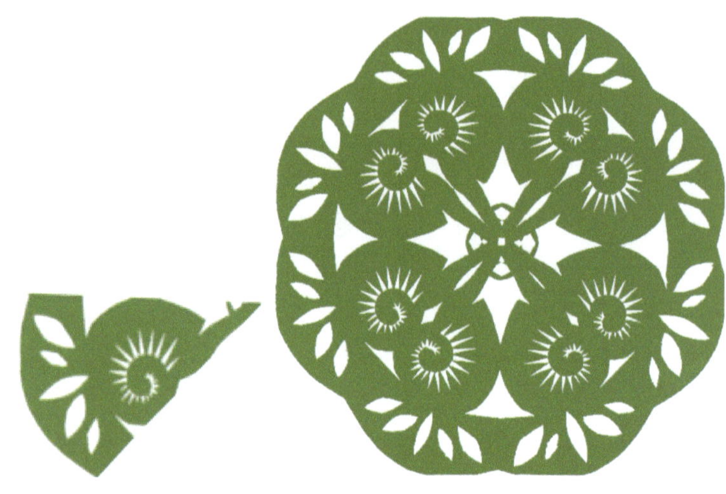

图二：

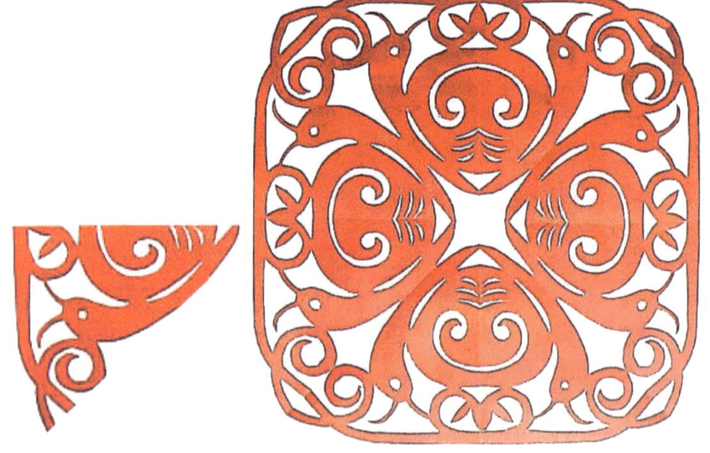

图三：

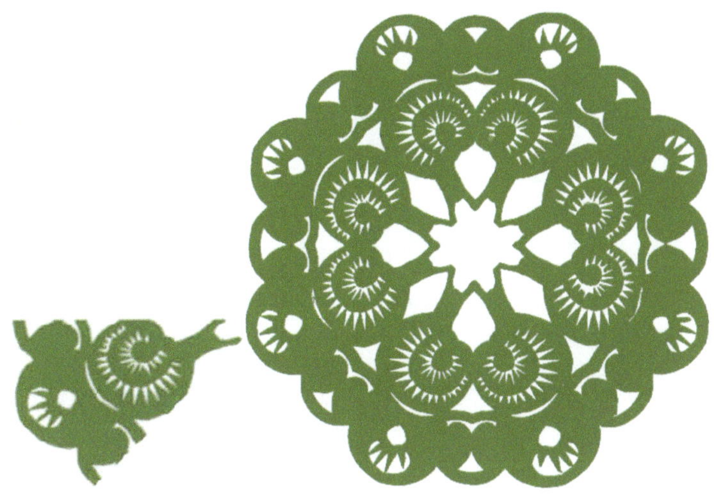

图四：

图五：

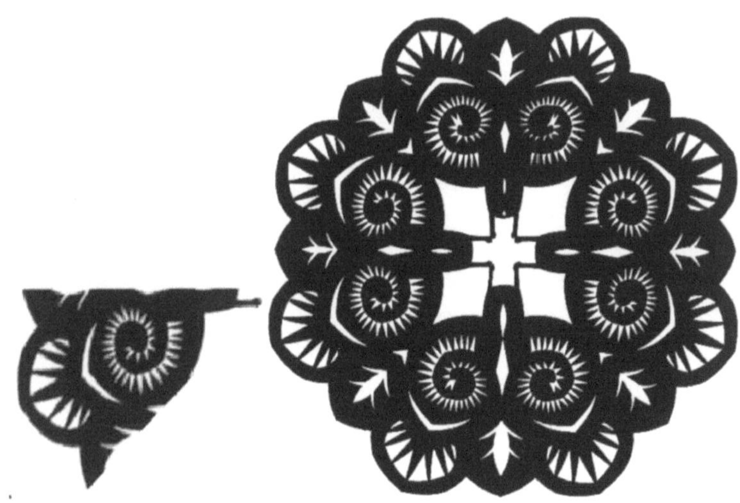

图六：

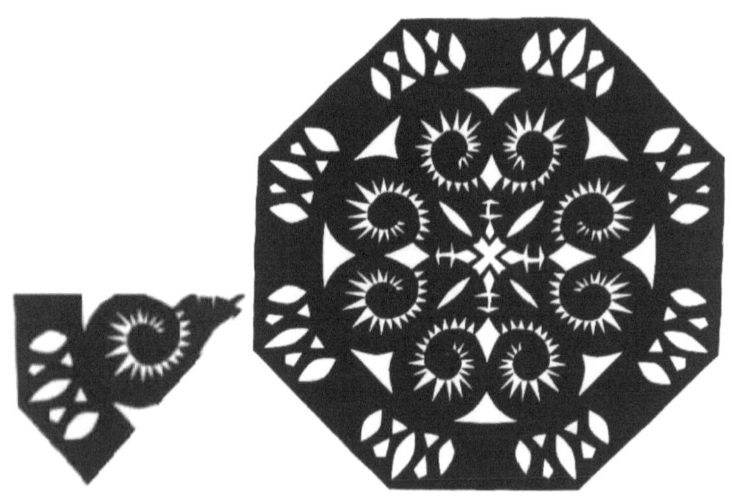

第三节 燕子

图一：

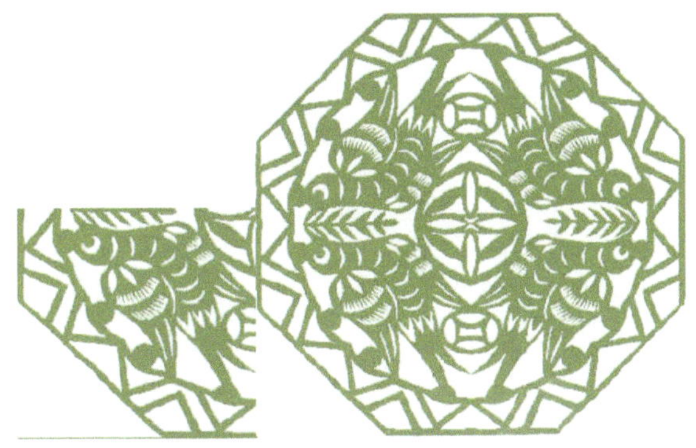

图二：

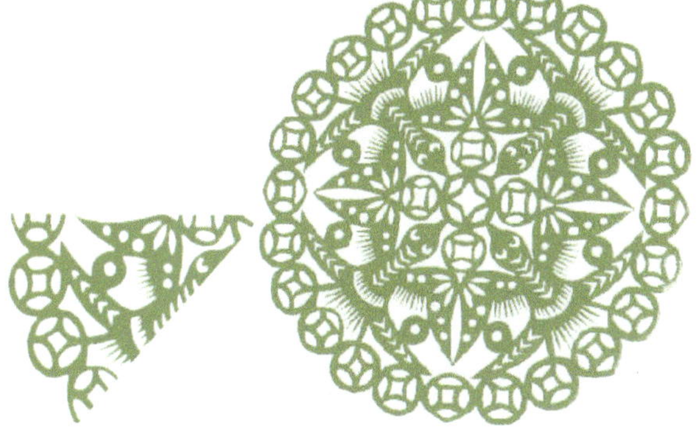

图三：

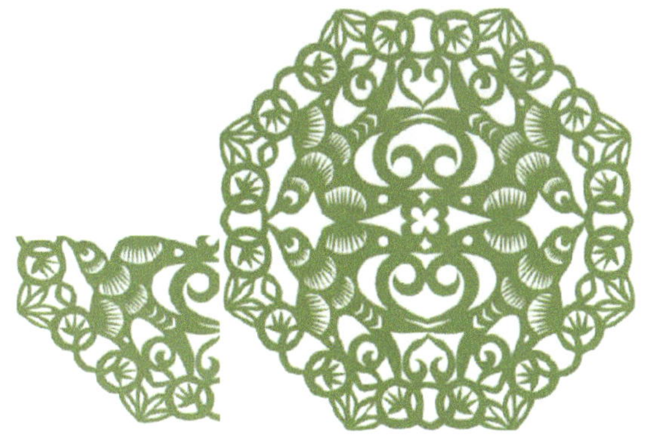

第四节 喜鹊

图一：

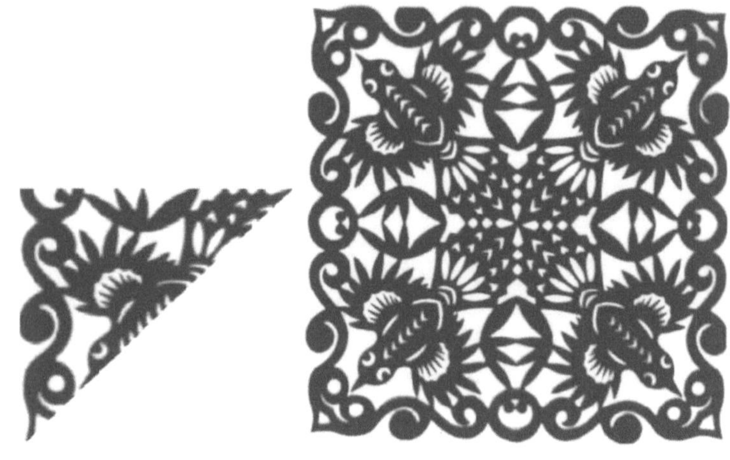

图二：

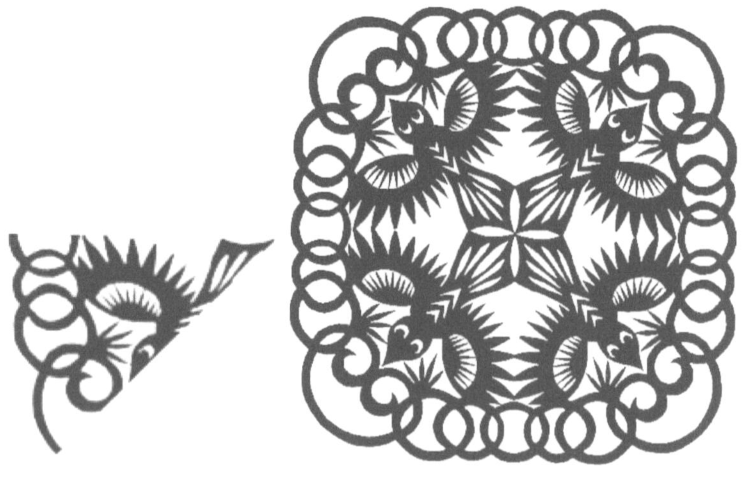

图三：

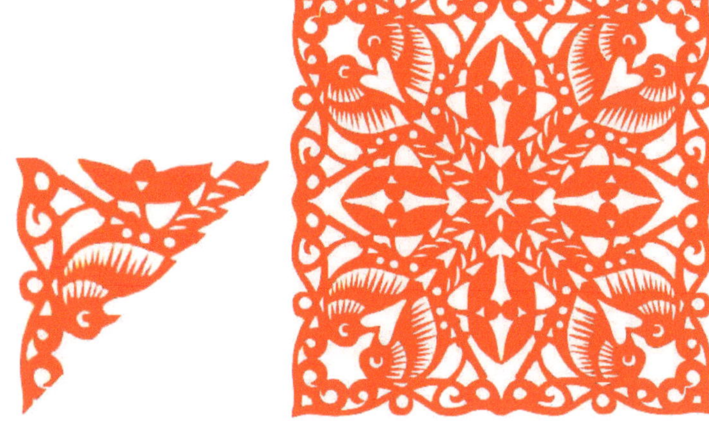

图四：

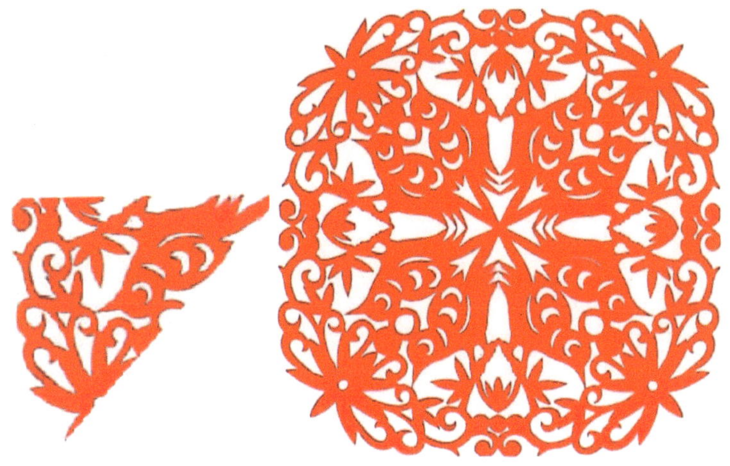

第五节 喜字和福字

一 、喜字

喜字的剪法分两部分，花纹边框部分和喜字部分。花纹边框部分是在对角三折法基础上设计的图案。喜字部分是在对边对折两次基础上设计的图案。在设计和剪图时要注意喜字和花纹边框之间的连接。这幅图案的花纹边框与喜字之间是直接接触连接。

二、福字

福字是幸福，祝福的意思，是在年节等喜庆的日子里经常出现的字。它的设计和剪图方法也分两部分：边框部分和福字部分。下面两幅图的边框部分是在对角三折法基础上设计的图案，福字是单图。设计和剪图时也要注意两部分之间的连接。

图一：

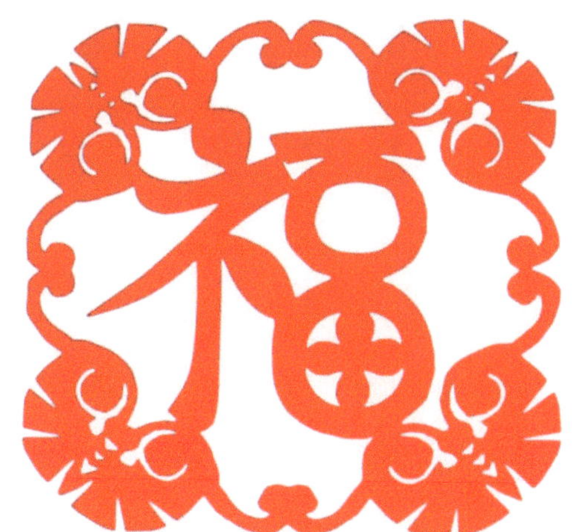

图二：

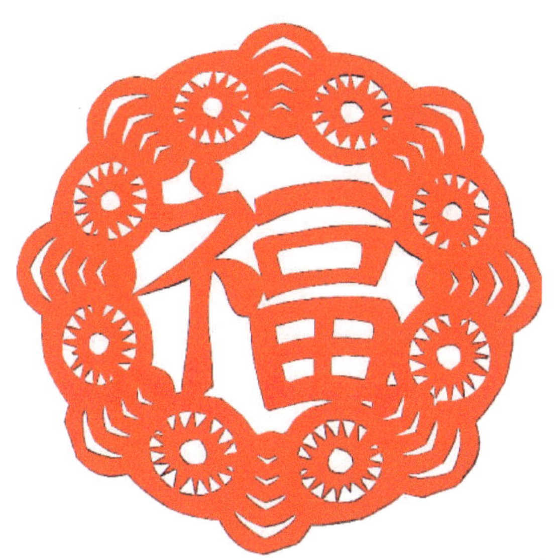

上面列出的两幅图，福字与花纹边框之间都是直接接触连接。

第四章　　复合边框

第一节 复合边框的概念

　　复合边框是指由两种或者两种以上的边框组合在一起所形成的边框。一般情况下是由花纹边框和线形边框等边框组成。线形边框可以位于剪纸图案的外端边缘，也可以位于剪纸图案中间，起固定连接作用。请看如下图例：

一 、线性边框位于外端边缘与花纹边框所组成的复合边框如下图：

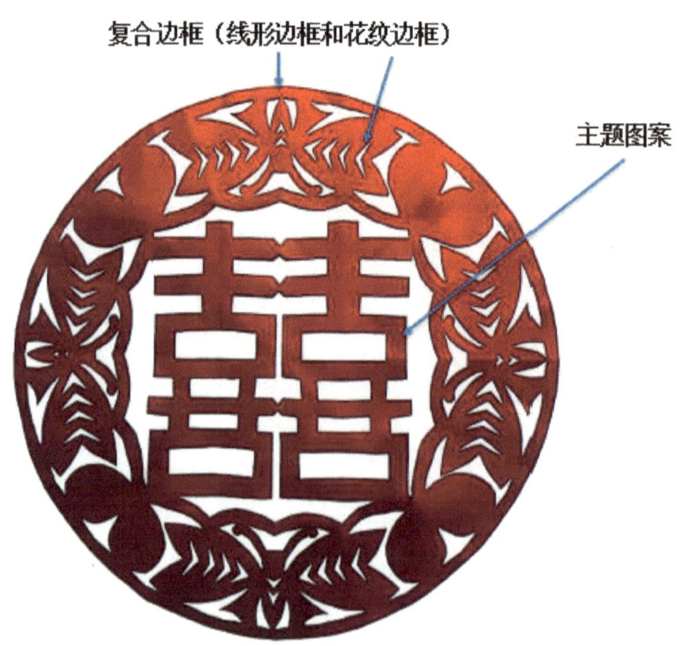

　　前一幅图案的边框是由线形边框和花纹边框组合在一起所形成的复合边框。主题图案喜字与复合边框之间的连接是直接接触连接。

二、线形边框位于花纹边框的两边组成复合边框，请看如下图例：

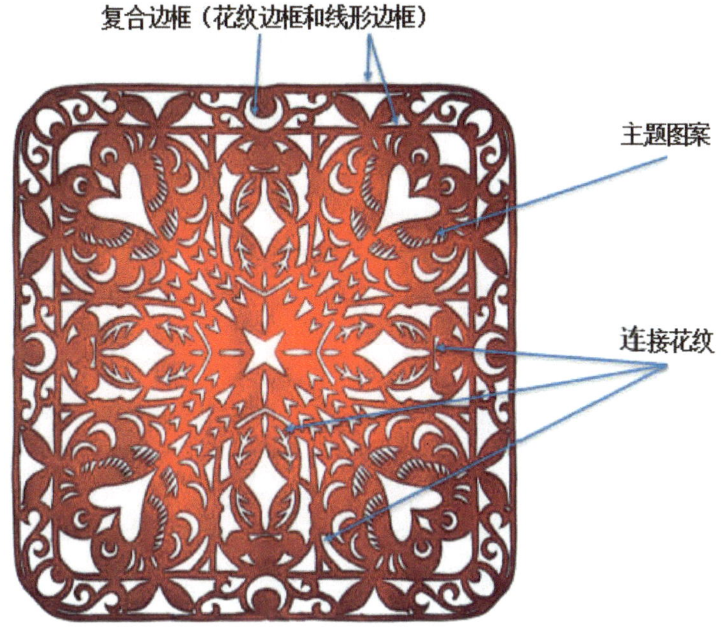

　　这幅图案的主题图案喜鹊之间以及主题图案与复合边框之间都是混合连接。

三、　线性边框位于主题图案与花纹边框之间组成的复合边框如下图所示：

图一：

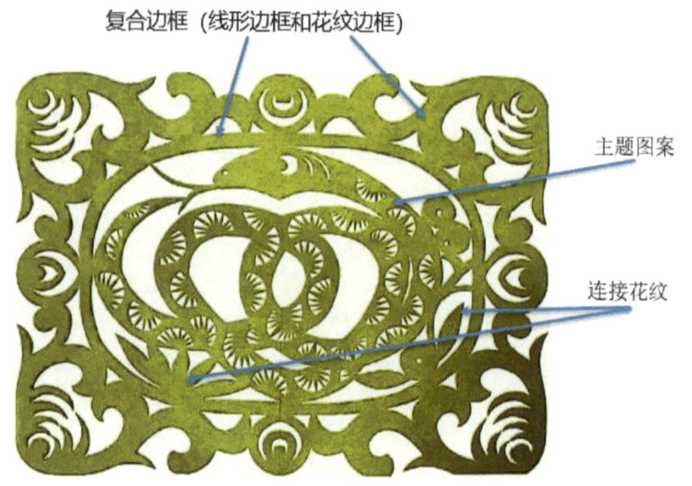

这幅图案的边框是由花纹边框和线形边框组合在一起所形的
复合边框。主题图案蛇与复合边框之间的连接是混合连接。

图二：

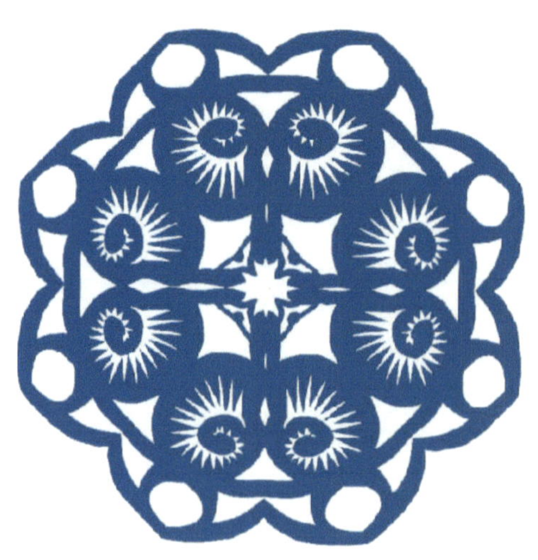

　　前幅图案的的边框是由线形边框和花纹边框组合在一起所形成的复合边框。主题图案蜗牛之间以及主题图案与复合边框之间都是直接接触链接。

　　在本章的剪纸图案中，大多数的复合边框中的线性边框都位于花纹边框和主题图案之间起固定连接两部分的作用。

第二节 动物类

一、　鸡

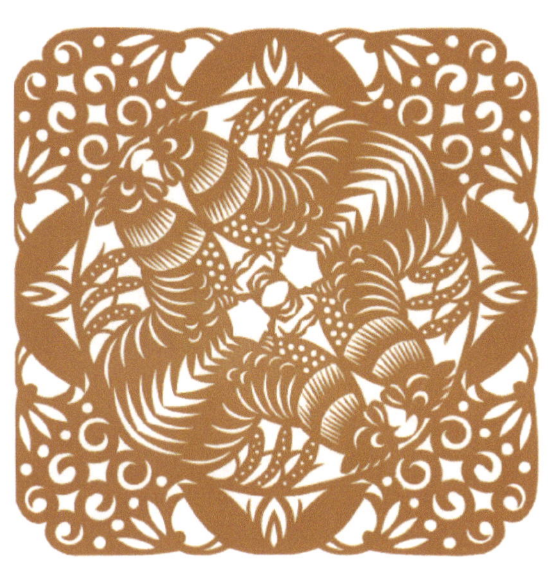

　　这幅图案的主题图案鸡与复合边框之间是混合连接。

二、老虎

这幅图的主题图案虎与复合边框之间是直接接触连接。

三、猴

图一：

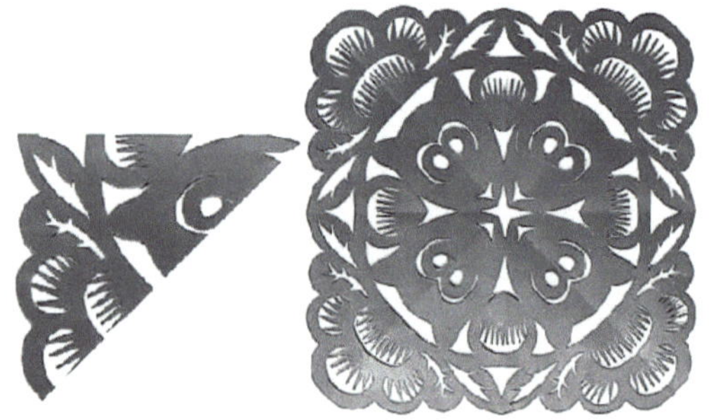

图二：

这两幅图案的主题图案猴与复合边框之间以及主题图案猴之间都是混合连接。

四、荷花青蛙组合图

　　有些剪纸图的主题图案有多个，这时将线形边框放在主题图案中间起连接和固定作用，这一类边框也归属于复合边框之列。请看下图：

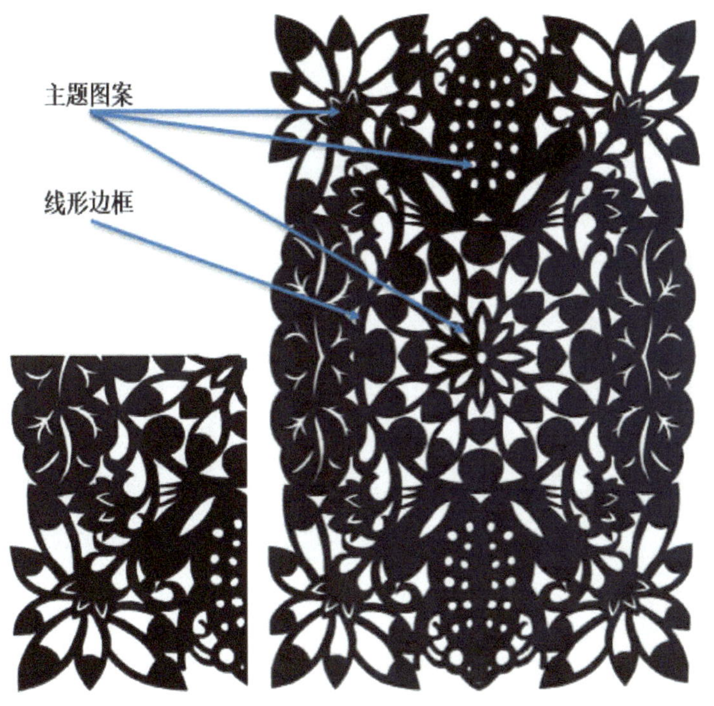

五、松鼠组合图

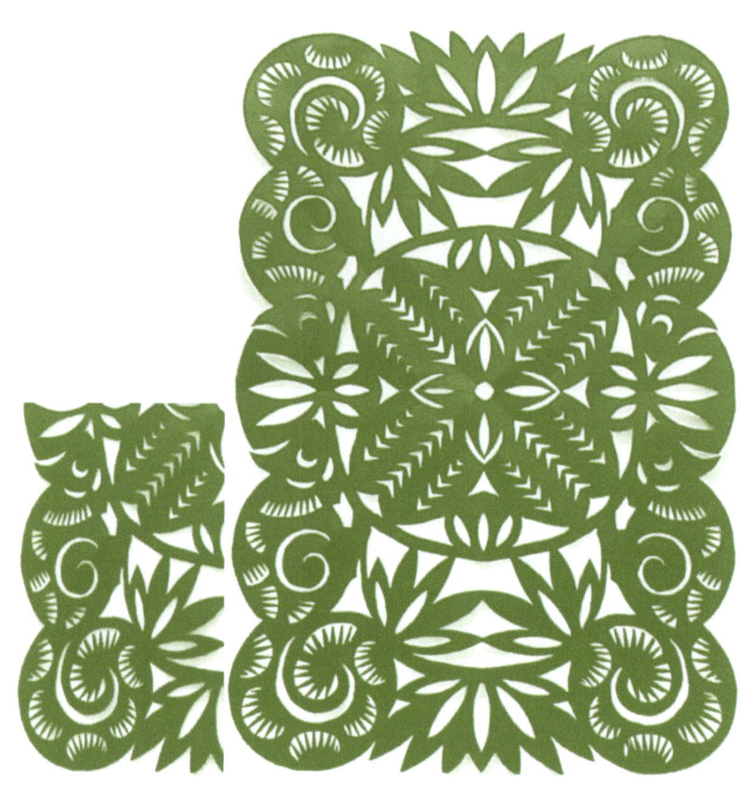

第三节 鸟类

一、 吉祥鸟

　　它是一种想象的神鸟，代表着吉祥运气。它凝聚着人世间所有美好，身上多带有表现吉祥意义的云卷纹。

图一：

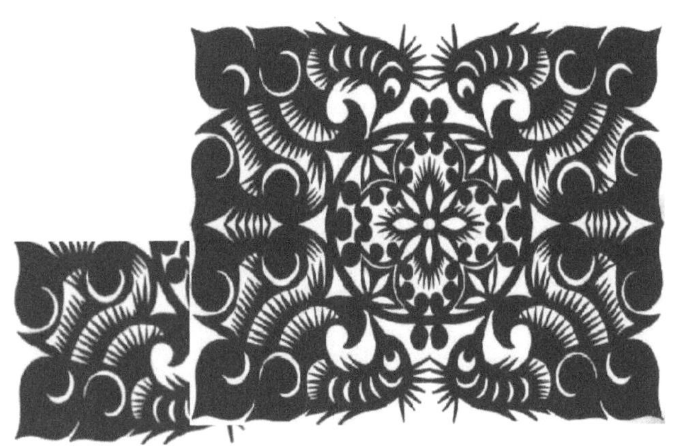

图二：

　　这两幅吉祥鸟的图案的结构相似，中间的花和周围的四只鸟都属于主题图案。两者用线形连接起来组成复合边框。

图三：

图四：

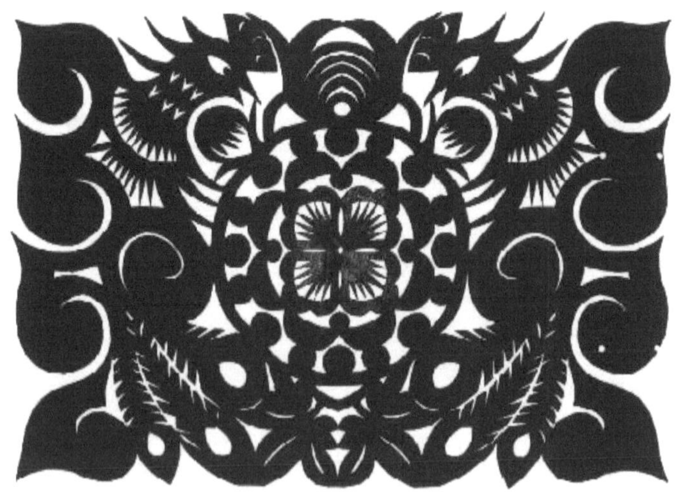

图五：

图六：

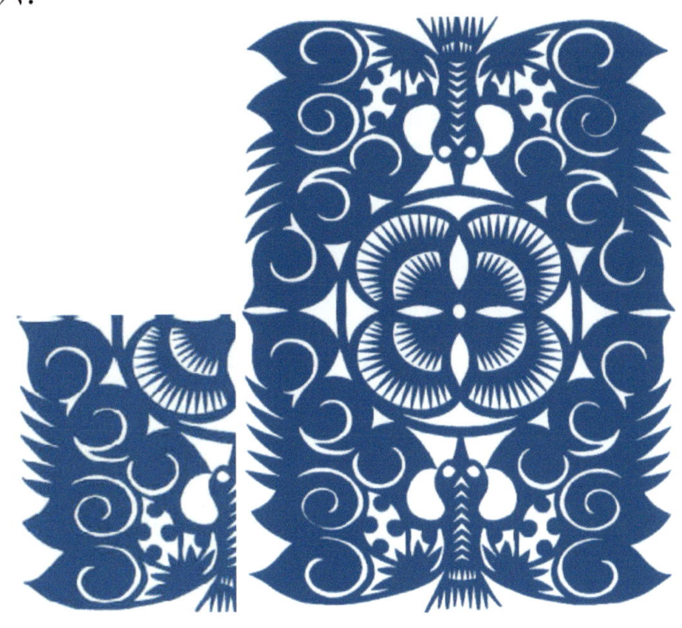

二、飞鸟图

图一：

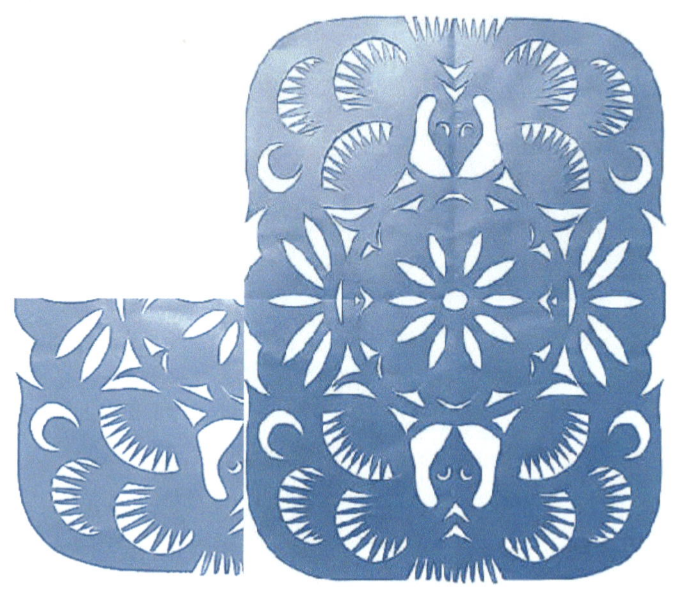

图二：

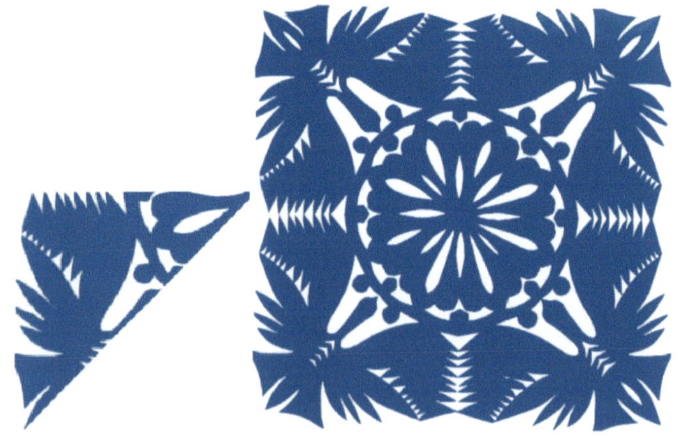

图三：

图四：

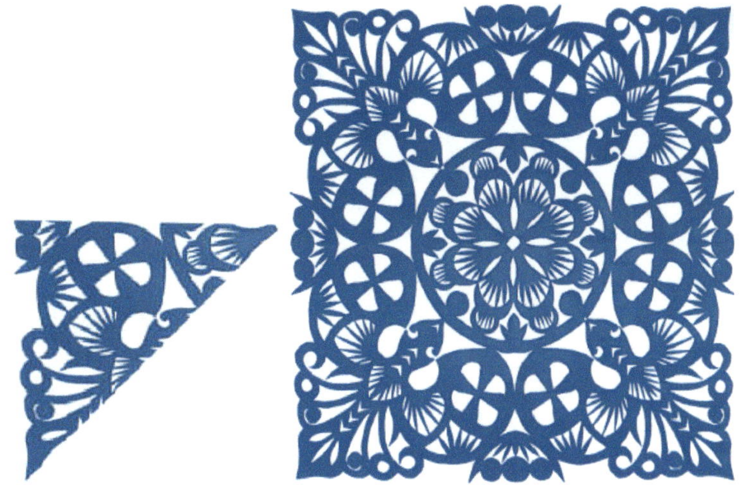

图五：

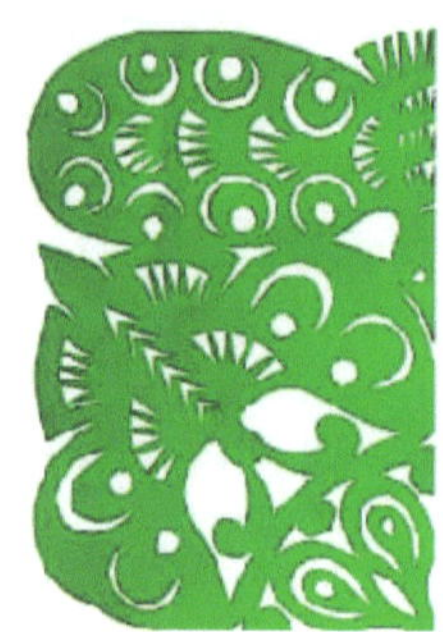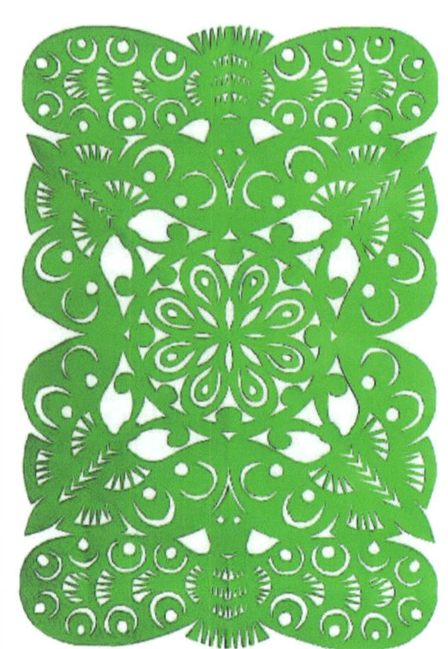

图六：

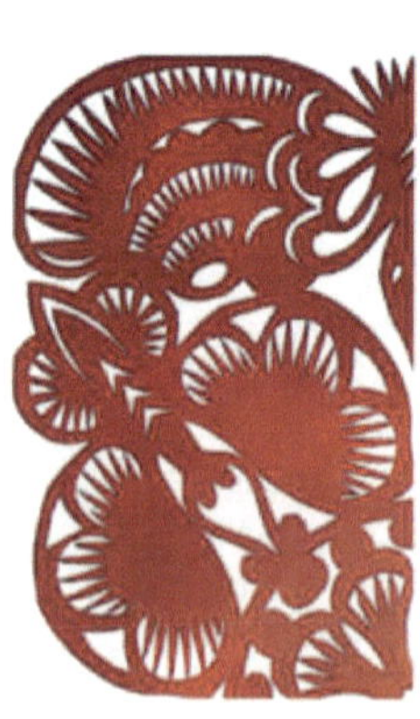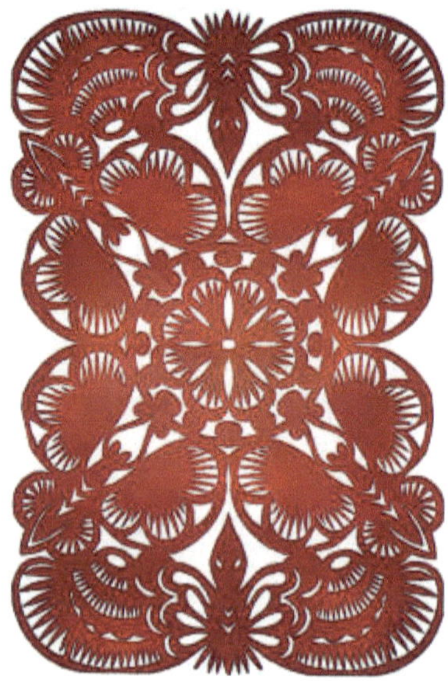

第四节　花蝶类

一　、心形蝴蝶

图一：

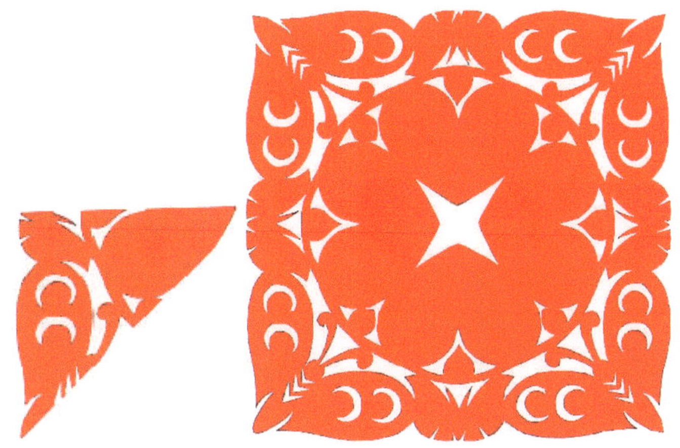

图二：

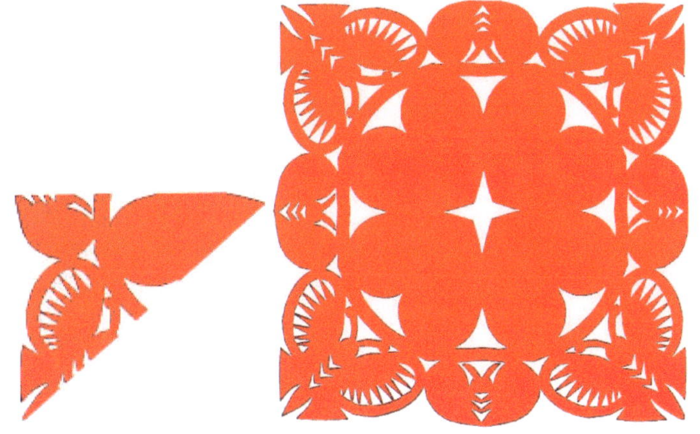

图三：

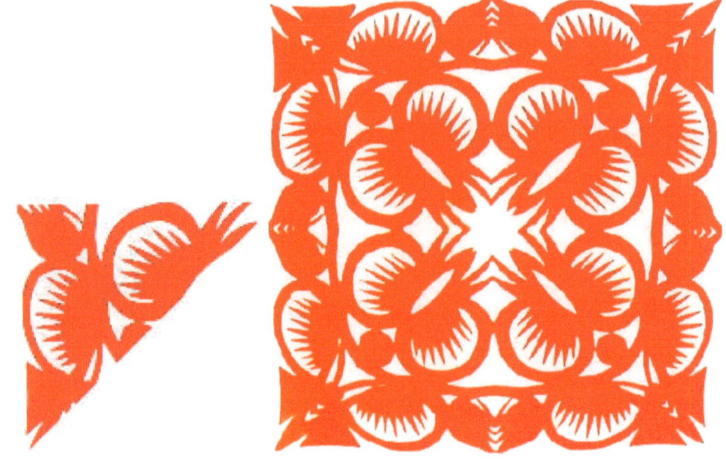

图四：

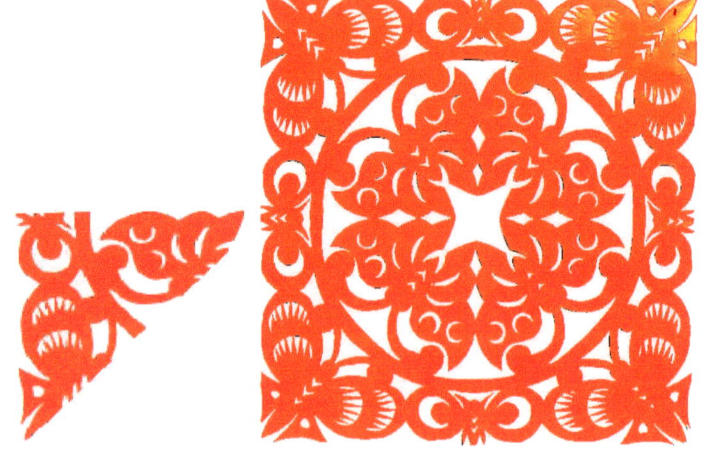

二、　蝶恋花

图一：

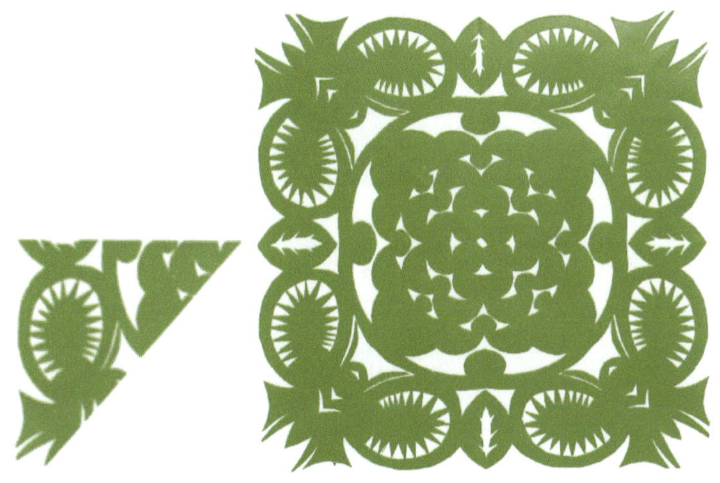

图二：

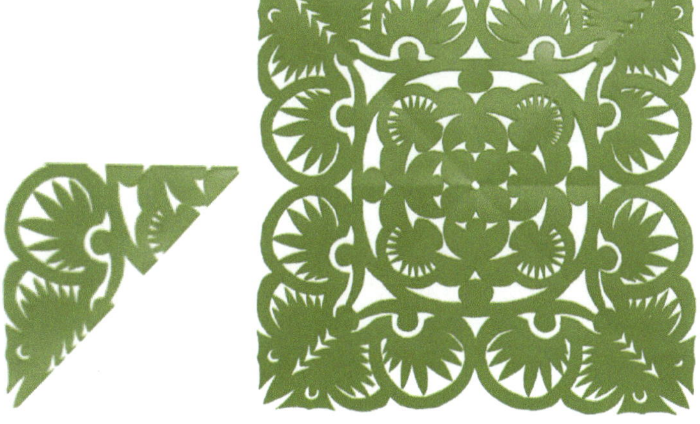

二、　蝶恋花

图三：

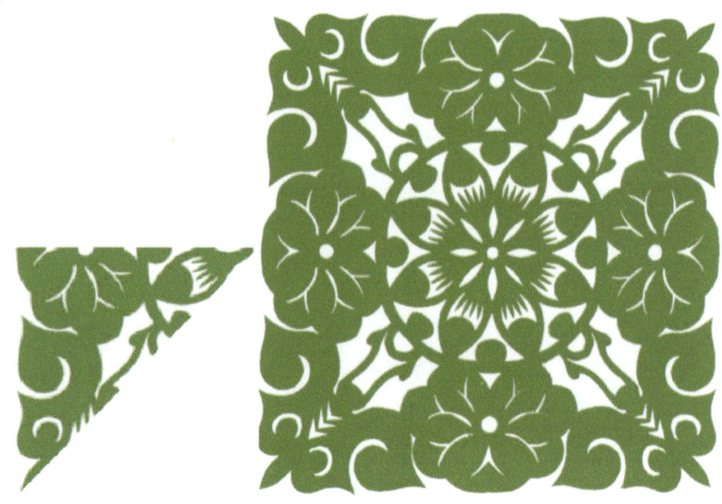

图四：

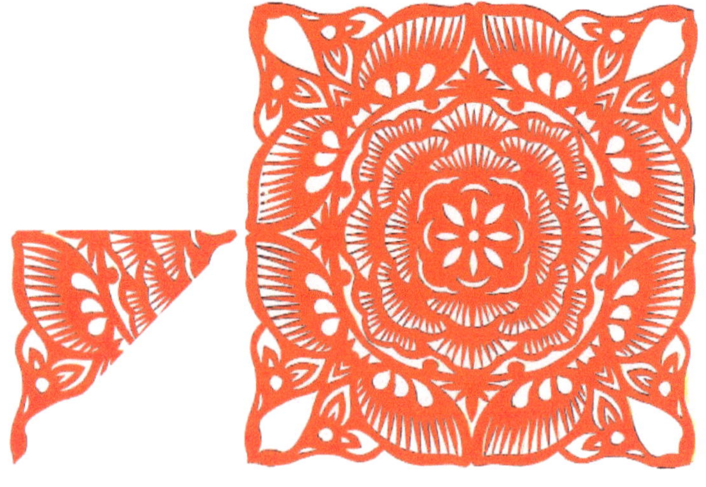

图五：

三、花类

图一：

图二：

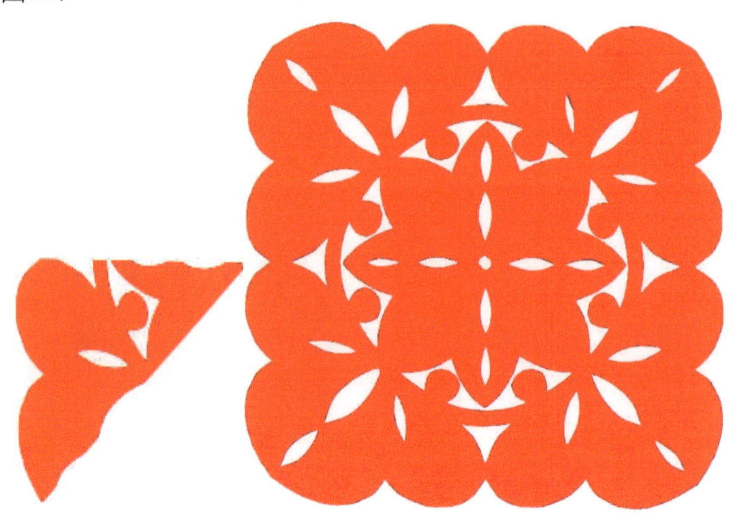

图三：

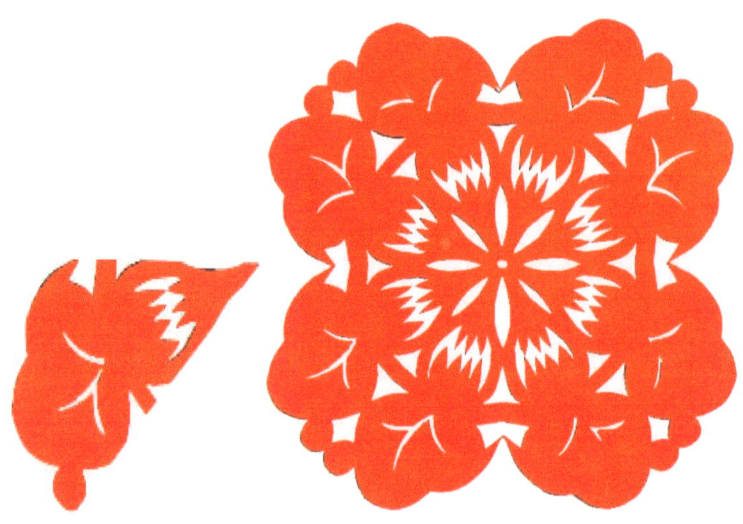

图四：

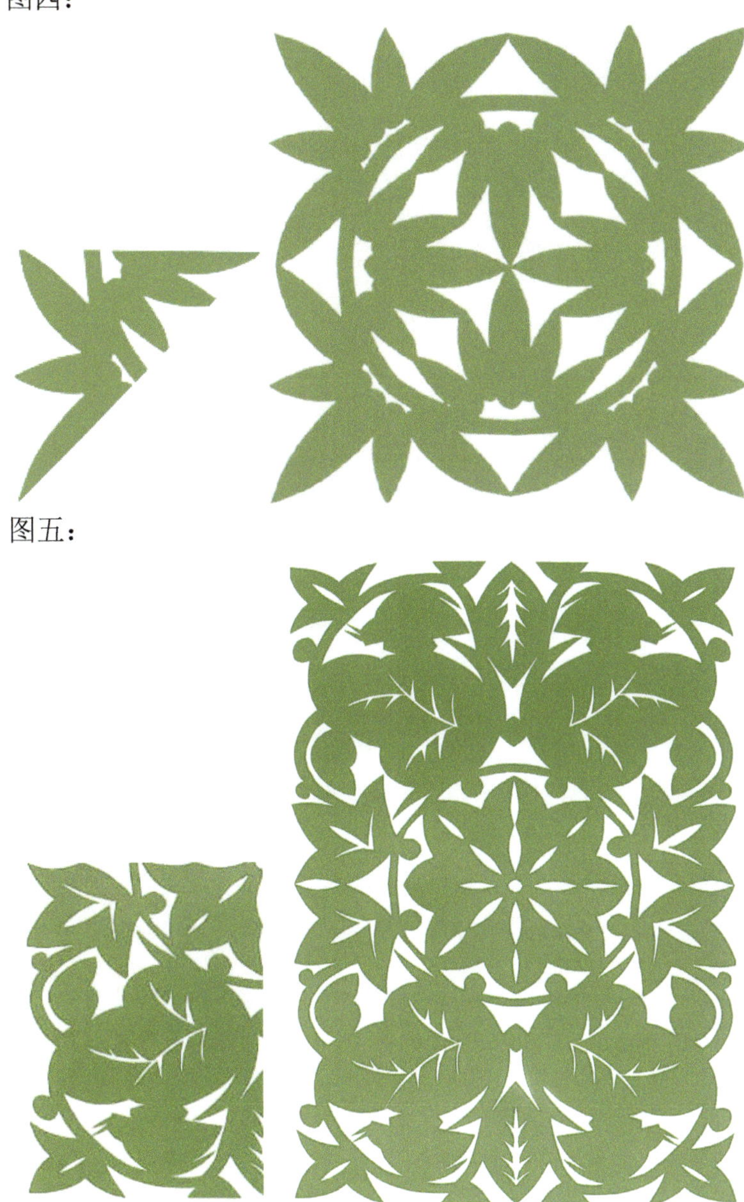

图五：

第五节 瓜果类

一、瓜类

图一：

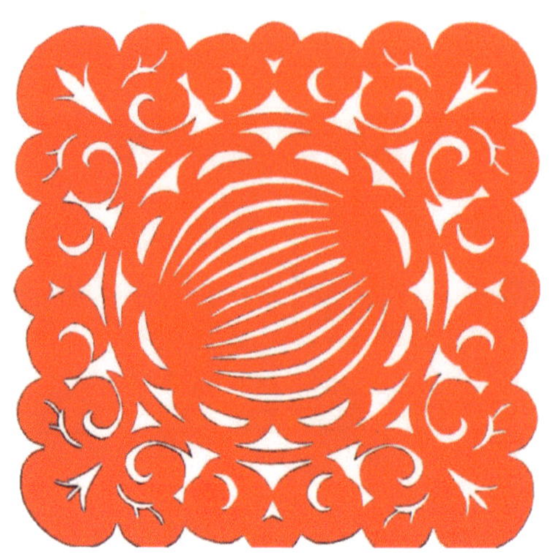

图二：

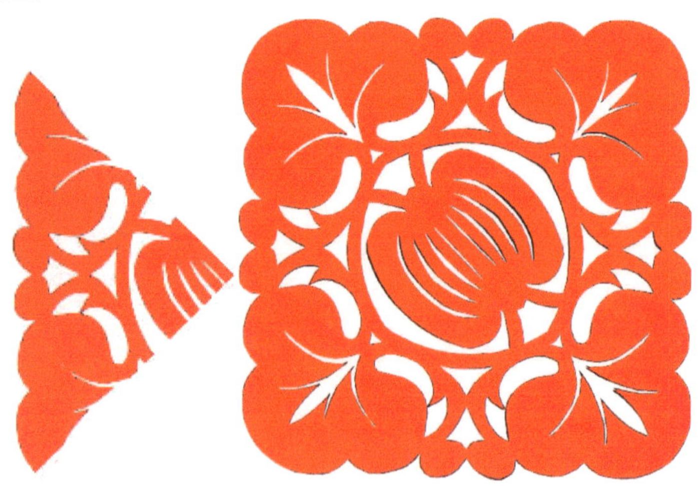

图三：

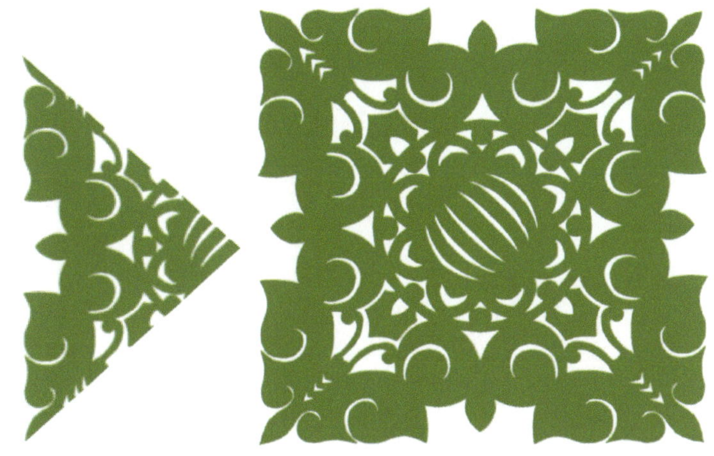

图四：

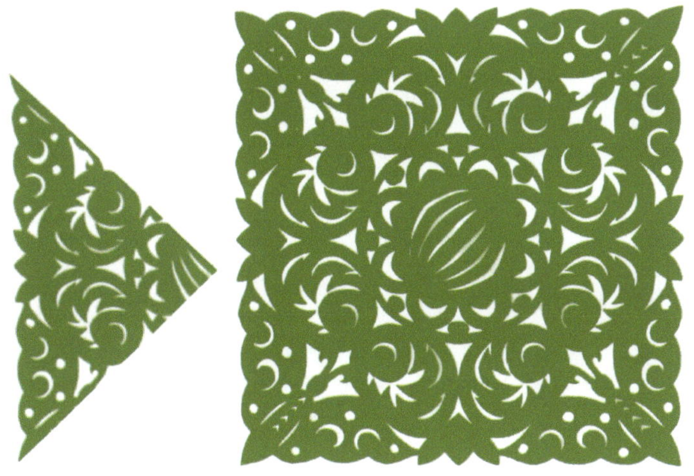

二、苹果

图一：

图二：

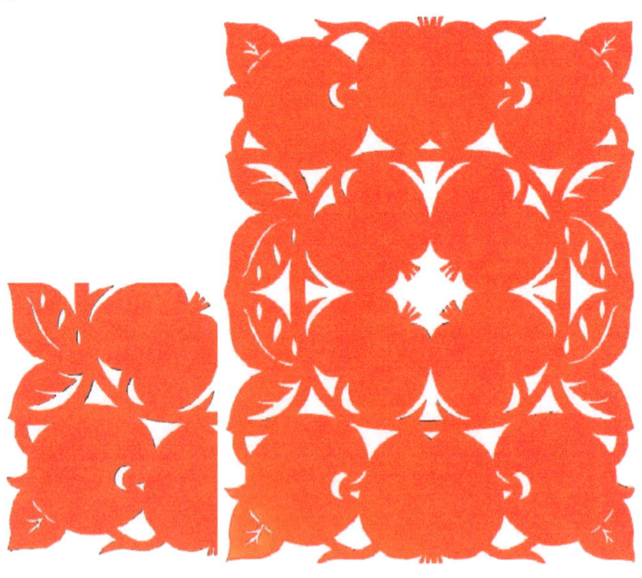

图三：　　　　　　　　　　　图四：

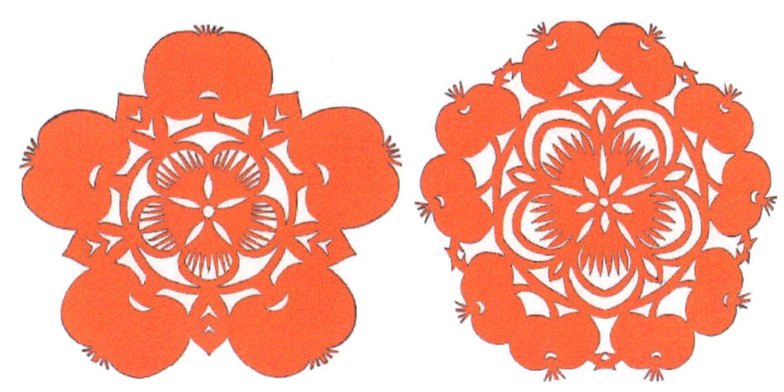

图五：

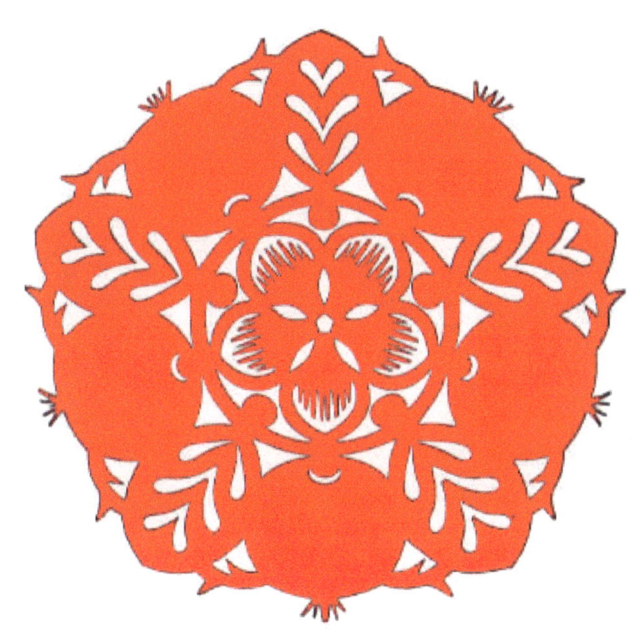

第五章　　隐形边框

有很多剪纸图案虽然没有明显的边框，但是通过巧妙的设计和合理的连接使整个图形结构紧凑，浑然成为一体。这样的图案本书称为隐形边框。这里通过下列图例加以说明。

第一节 动物类

一、　老虎

图一：

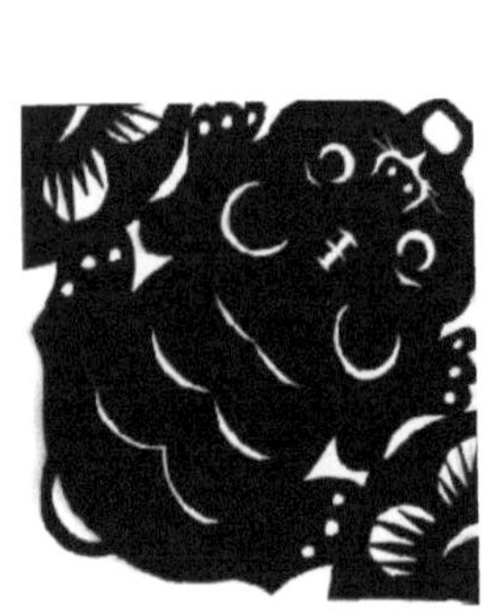
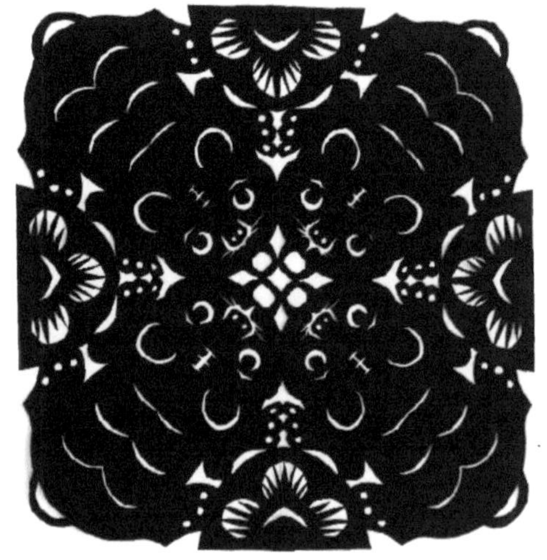

图二：

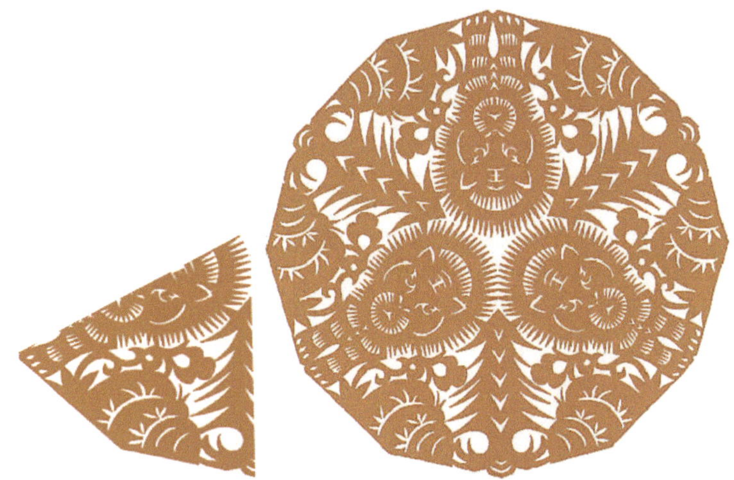

图三：

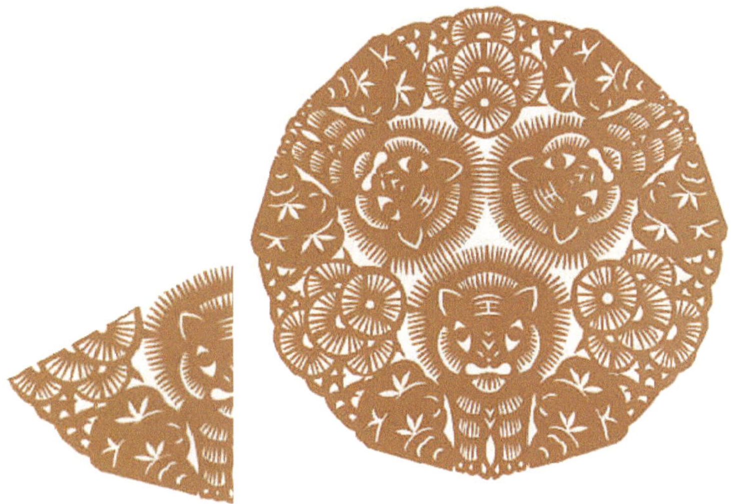

　　这三幅图案的折法不同，相同点是都没有明显的边框，图与图之间的连接自然合理，结构紧凑。

二、猪

三、鼠类

1、松鼠

图一：

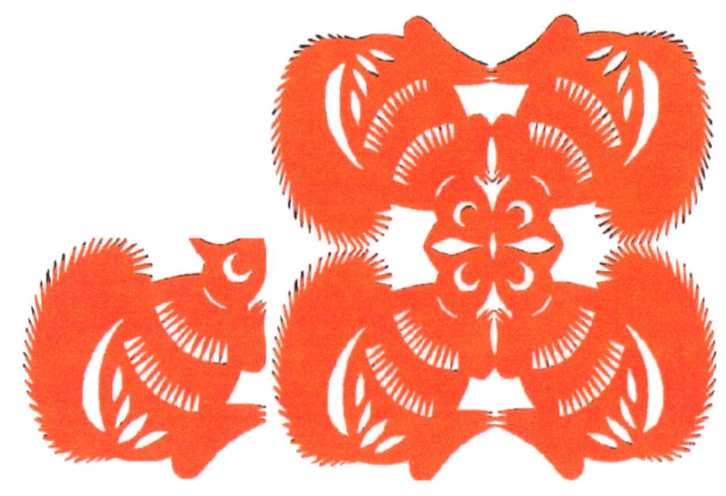

图二：

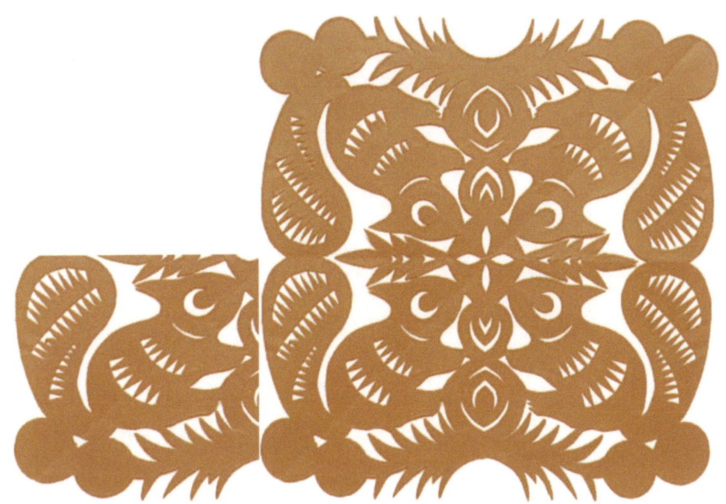

2、老鼠

图一：

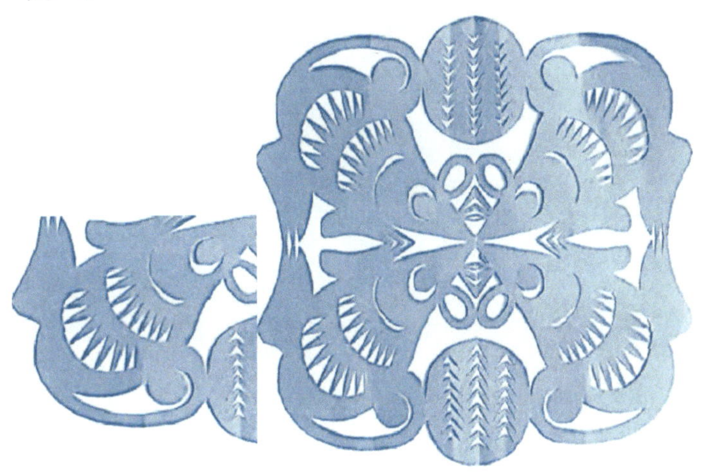

图二：

四、　青蛙

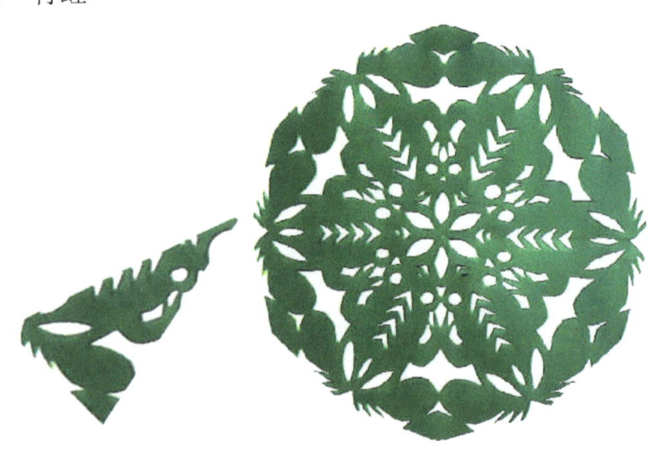

　　仔细观察这幅图案，图中有六个青蛙，青蛙与青蛙之间的连接是混合连接。整个图形结构紧凑成为一个整体。

五、 飞鸟

图一：

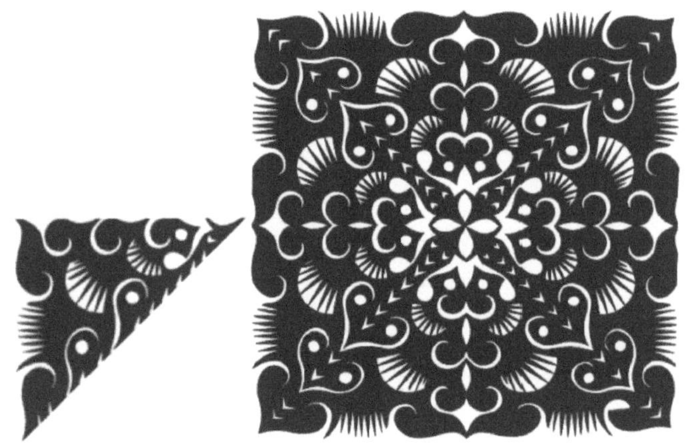

图二：

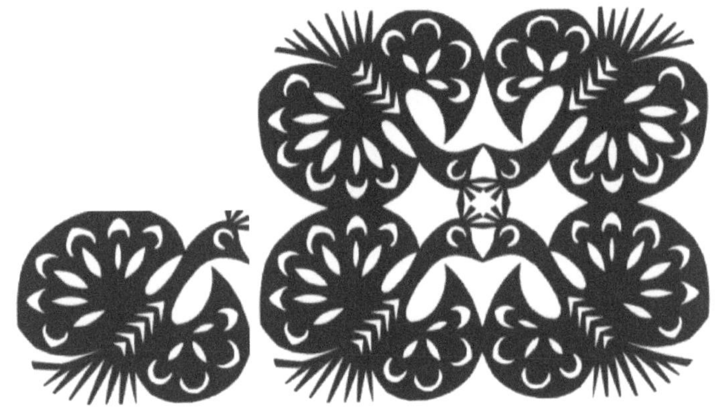

以上两幅图案中都有四只鸟，鸟与鸟之间的连接是直接接触连接。这两幅图案虽然没有明显的边框，但结构是紧凑的。

图三：

　　这幅图案中有四只鸟，鸟与鸟之间的连接是混合连接。
图案虽然没有明显的边框，但结构是紧凑的。

六、鱼

1、　金鱼

图一：

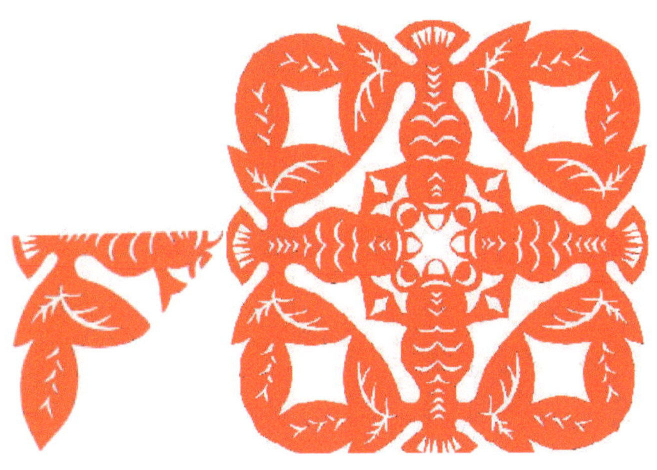

图二：

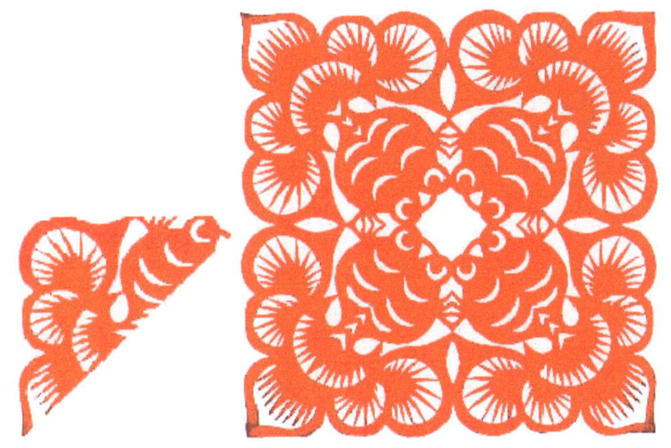

　　这两幅图案是由四条金鱼组成，它们之间的连接是直接接触连接，整个图形成为一个整体。

2、 鲤鱼

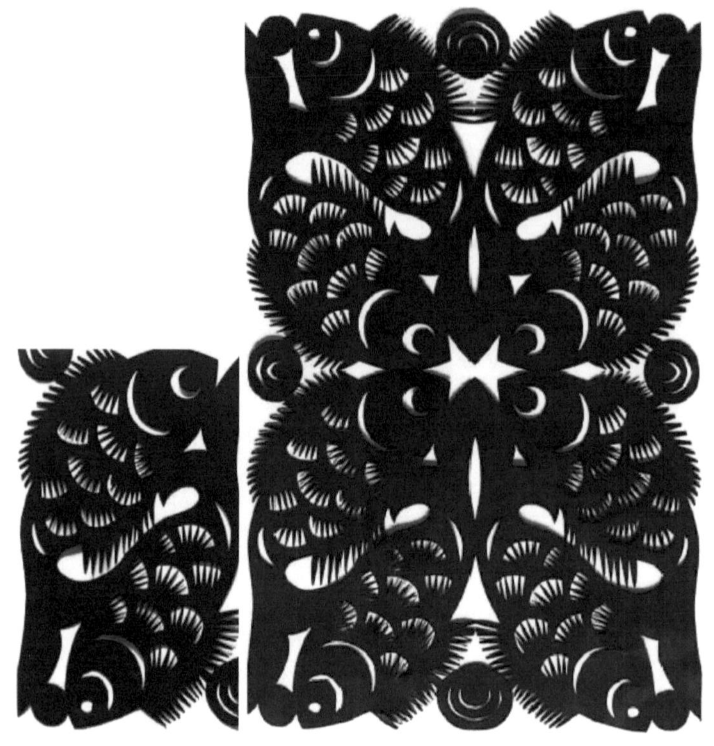

　　这幅图案共有八条鲤鱼，它们之间的连接是混合链接。图案结构紧凑成为一个整体。

第二节　花蝶类

一、　心形蝴蝶

图一：

图二：

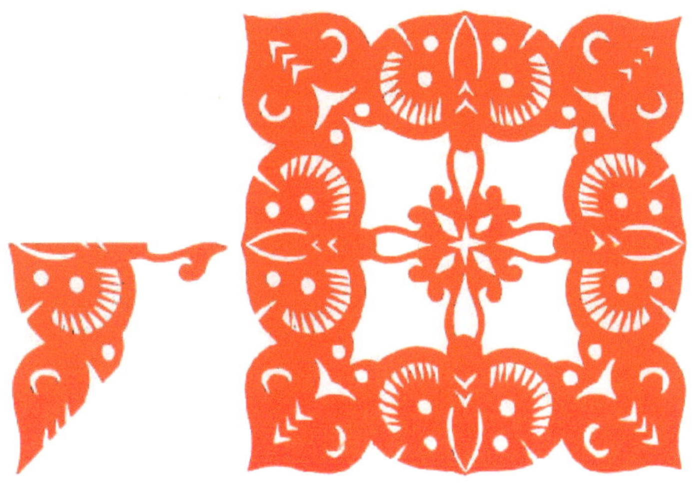

　　这两幅图案以心形来表达爱，又融入蝴蝶的元素使爱增添了灵性。

二、梅花

图一：

图二：

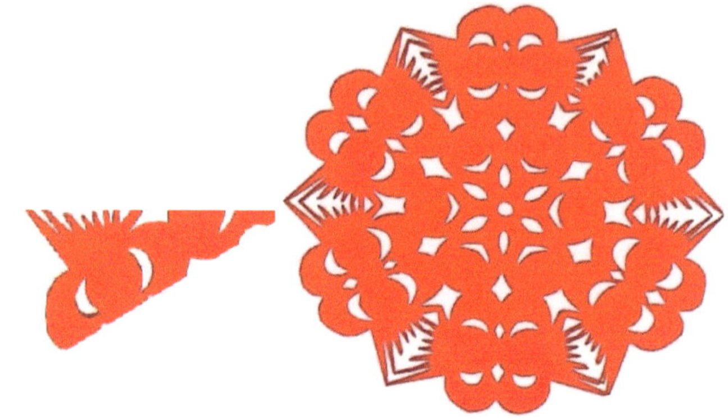

图三：

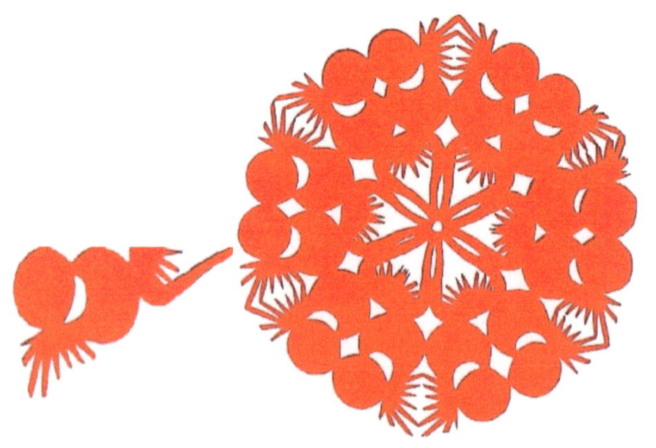

三、团花图案

图一：

图二：

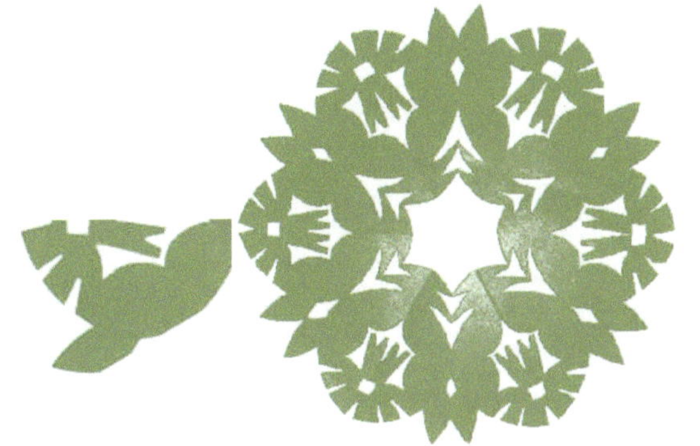

图三：

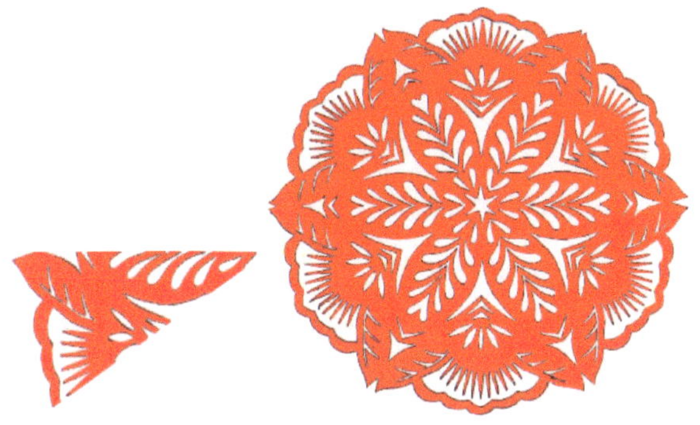

图四：

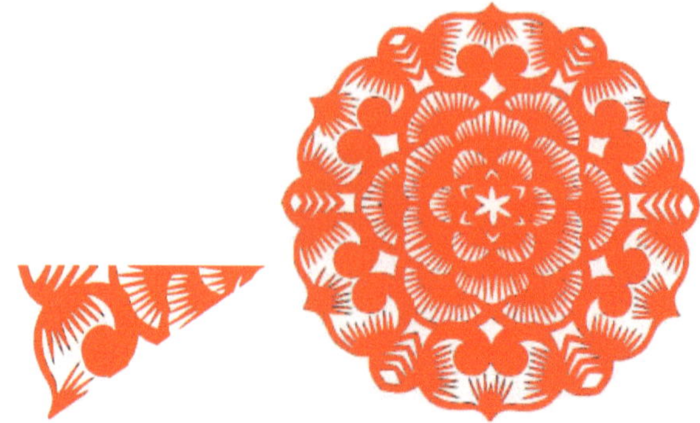

图五：

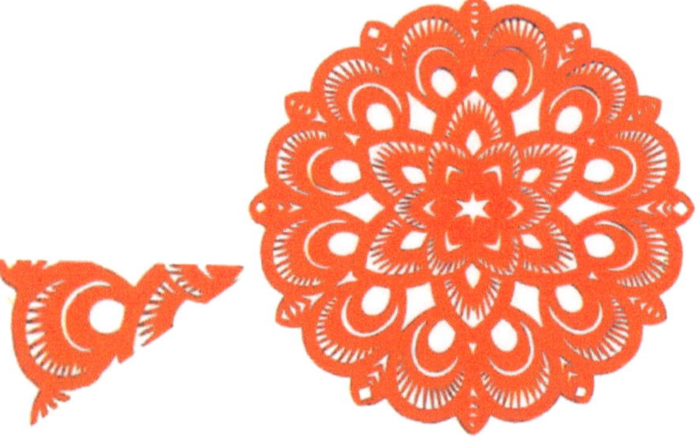

图六：

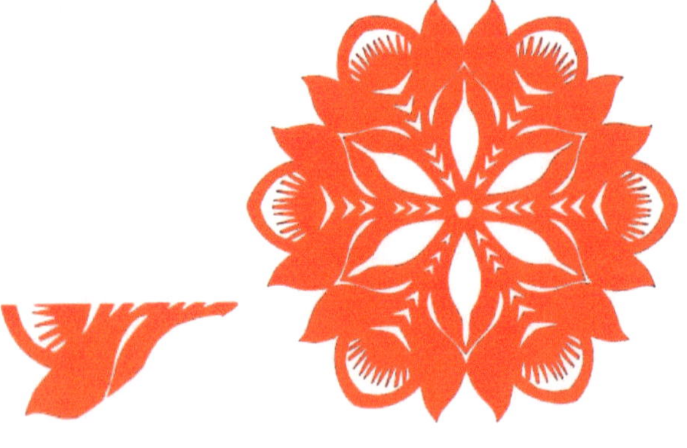

图七：

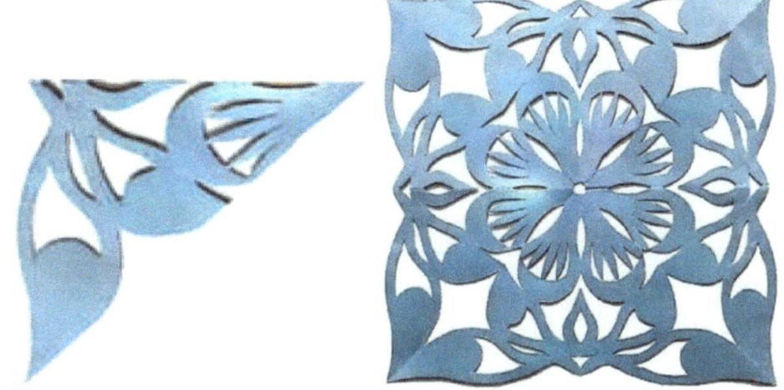

图八：

图九　：

第三节 藤蔓类植物

　　许多藤曼类的植物，枝杈较多，彼此缠绕，都可以用隐形边框的方法来表现。

一、南瓜

图一：

图二：

图三：

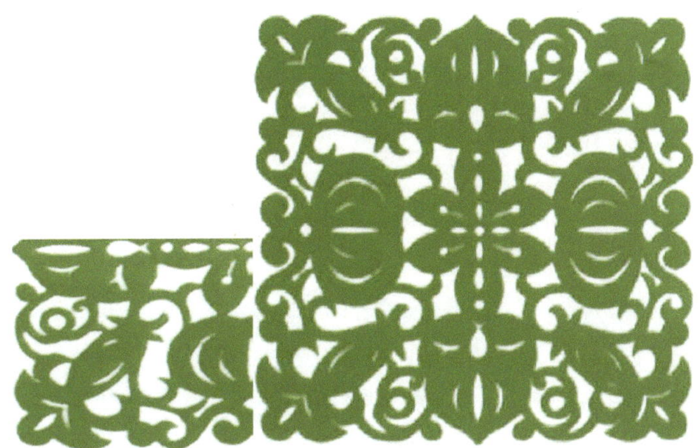

二、葡萄

图一：

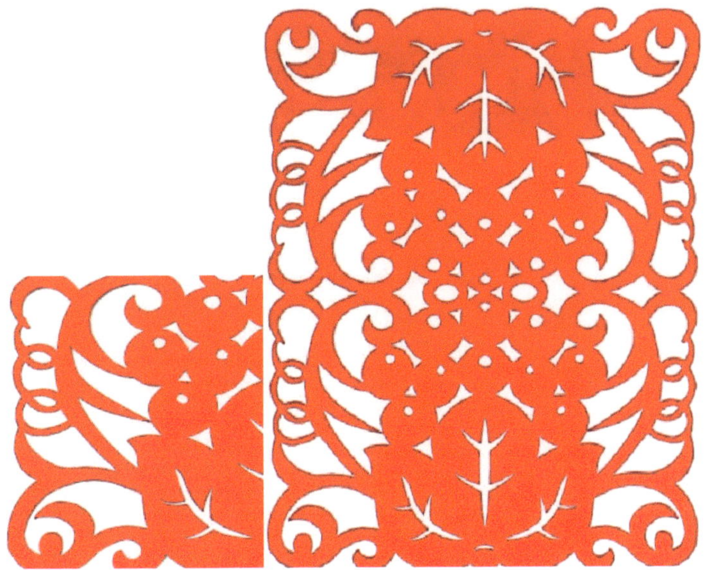

图二：

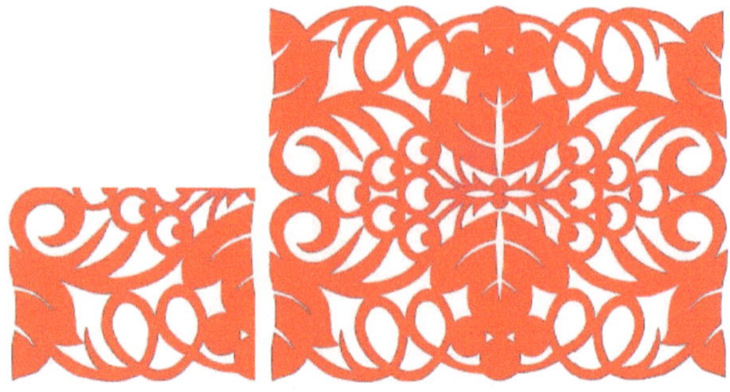

图三：

图四：

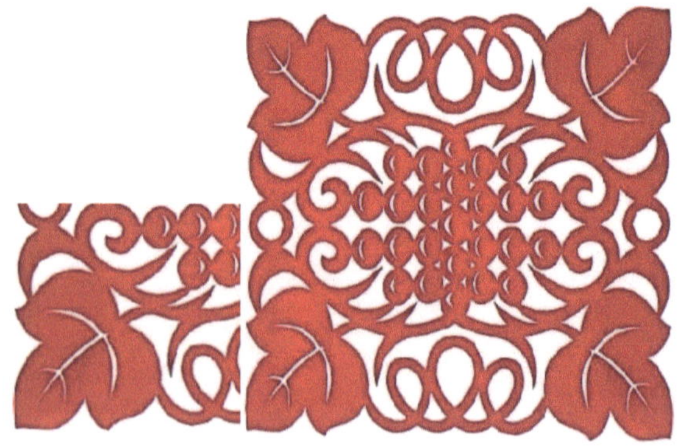

三、葫芦

图一：

图二：

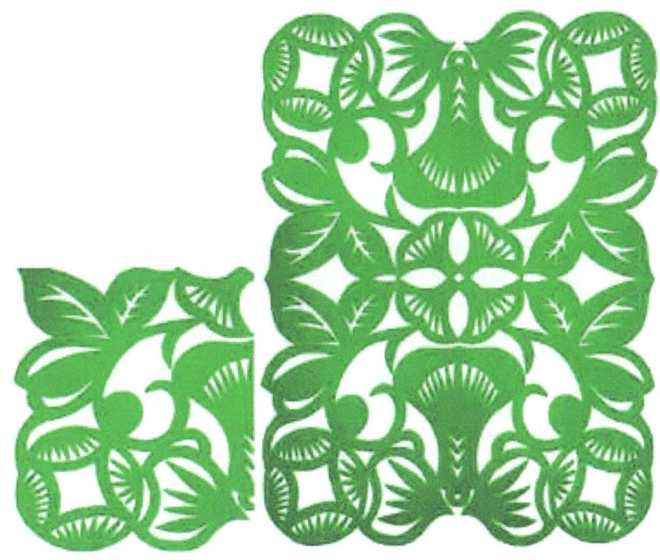

四、牵牛花

图一：

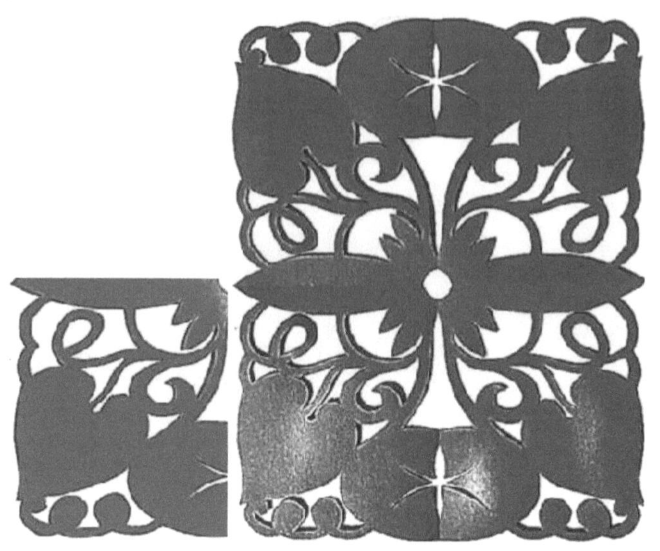

图二：

图三：

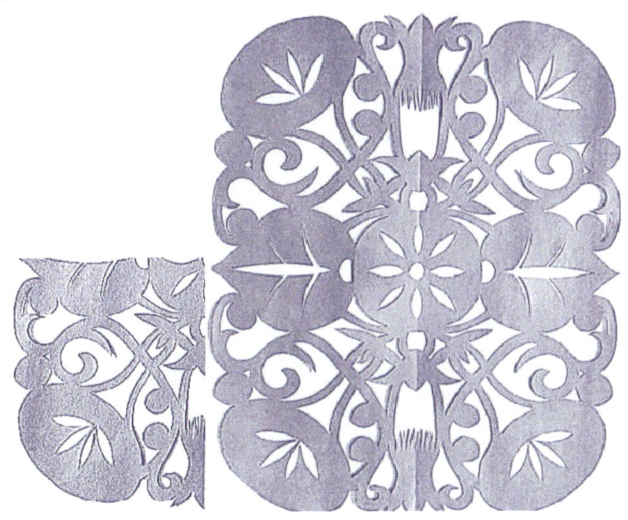

图四：

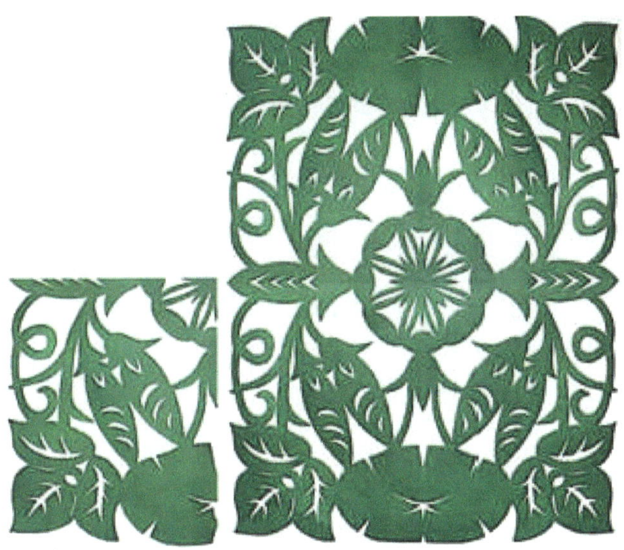

五、西瓜

图一：

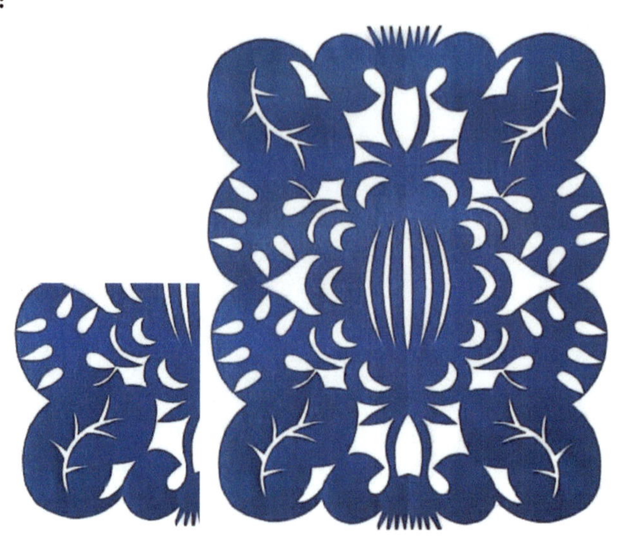

图二：

图三：

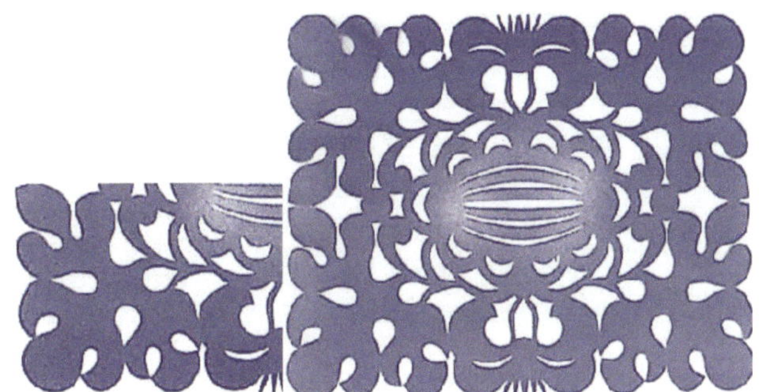

图四：

图五：

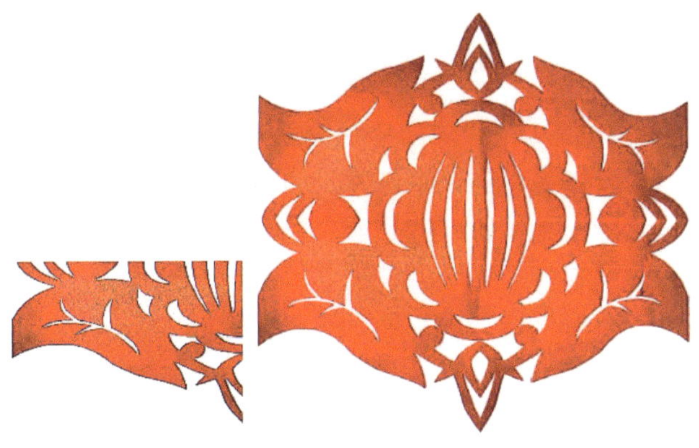

六、草莓

图一：

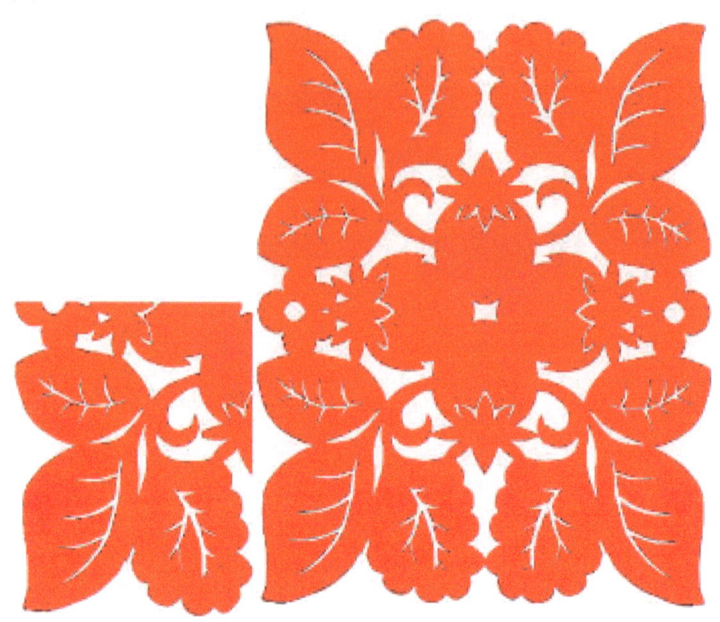

图二：

结尾图--- 舞女图

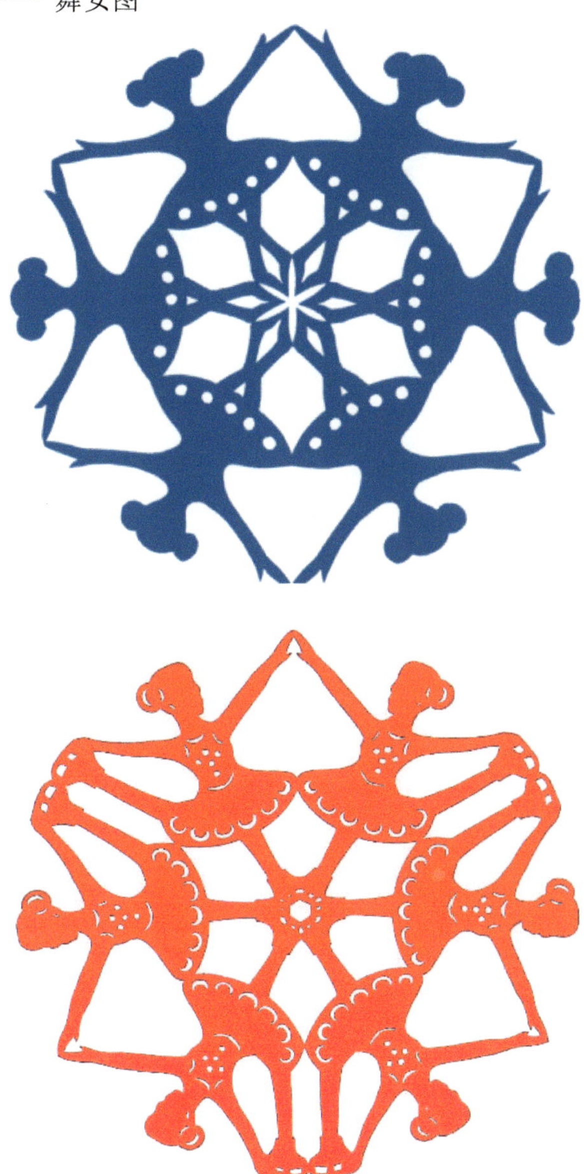

结尾图--- 舞女图

作者简历

    本书作者赵云凤出生于中国大陆，黑龙江省勃利县。在幼时受其民间剪纸能手祖母的影响，对剪纸艺术产生了浓厚的兴趣开始学习并形成爱好。此爱好伴随着她的成长并在她的生活中扮演了心理安慰和情绪缓解的重要作用。1985 年考入沈阳农业大学农业工程系，就读于农业机械化专业。1989 年毕业，同年攻读硕士，1992 年硕士毕业后去日本工作一段时间，1998 年来到加拿大，现定居在渥太华。

www.ingramcontent.com/pod-product-compliance
Lightning Source LLC
Chambersburg PA
CBHW041220050726
47599CB00001B/20